川を上れ 海を渡れ

新潟日報140年

新潟日報社 編

新潟日報　日曜日　昭和十七年十一月一日　日刊

新潟日報

創刊の辭

大東亞省發足　劃期的行革實現

神速戰時施策實現へ

關係勅、閣令けふ公布

ニュージーランド軍

米軍の指揮下に入る

米大統領の親書討議

重慶外交部長に宋子文

ビルマ奪還の夢

行政簡素化　官制要綱

地方廳機構再編成

時艱突破に進まん　首相談話

新潟日報創刊号の紙面（部分）＝1942年11月1日発行

自民党総裁選で勝利し、拍手に応える田中角栄元首相＝1972年７月５日、東京・日比谷公会堂

世界一の原発基地となった東京電力・柏崎刈羽原子力発電所＝1997年７月２日、本社チャーター機から

上越新幹線新潟—大宮間が開業し、新潟駅で行われた出発式
＝1982年11月15日

関越自動車道湯沢—前橋間が完成し、新潟側の関越トンネル抗口前で行われた開通式＝1985年10月２日

北陸新幹線が開業し、上越妙高駅（上越市）に到着した
１番列車＝2015年３月14日

北朝鮮に拉致された蓮池薫さん・祐木子さん夫妻、曽我ひとみさんらが羽田空港に到着した＝2002年10月15日

「38豪雪」で雪に埋まった三条市内の国道８号を除雪する自衛隊員＝1963年１月

中越地震で発生した長岡市妙見町の土砂崩れ現場。親子３人が乗った車がのみ込まれ、当時２歳の男の子が奇跡的に救出された＝2004年10月24日、本社ヘリから

新潟水俣病１次訴訟で企業側の過失責任を認めた新潟地裁判決に喜びを表す新潟水俣病被災者の会の近喜代一会長＝1971年9月29日

人工飼育で育ったトキの一斉放鳥が行われ、10羽が27年ぶりに佐渡の空を舞った＝2008年9月25日、佐渡市新穂正明寺

豊栄市（現新潟市）の国営・福島潟干拓地で、国による稲の強制刈り取りに反対する農民、労組員ら＝1976年９月３日、本社チャーター機から

「女性が築く新交流時代」をテーマに日本と韓国の女性記者が交流を深めた「日韓地方紙交流フォーラム」＝1997年7月8日、新潟市

日韓サッカーW杯の日本開幕試合、アイルランド―カメルーン戦が新潟市のビッグスワンスタジアムで行われ、約４万人のファンが声援を送った＝2002年6月1日

第91回全国高校野球選手権大会で驚異的な粘りを発揮して準優勝した日本文理高校ナイン＝2009年８月24日、甲子園球場

新潟日報メディアシップ前に完成した会津八一の「わがともよ」歌碑除幕式＝2016年10月31日

社屋の変遷

1942年に創刊した当時の新潟日報本社社屋。新潟日日新聞社の社屋を引き継いだ＝新潟市東中通1（当時）

1955年の新潟大火後に建設された本社社屋。82年に黒埼本社へ移転するまで使われた＝新潟市東中通1（当時）

2013年に完成した本社ビル、新潟日報メディアシップ＝新潟市中央区万代3

1982年に移転した黒埼本社。現在も印刷センターなどが稼働している＝2004年、新潟市西区善久

新潟日報１４０年

川を上れ　海を渡れ

はじめに

「新潟は（幕末の開港）五港の一つで、あらゆる物資が集積し外国人も来港する（略）しかし、本港の人たちは旧習に甘んじ競ってその地位を進めようとする気性に乏しく（略）この新聞が本港の開化進歩とともに盛んになることを希望する」

1877（明治10）年4月、初の日刊紙として誕生した新潟新聞創刊の辞です。社主・大倉市十郎が1面に掲げました。国内の記事は、鹿児島で不平士族に担がれた西郷隆盛が挙兵した西南戦争が報じられています。

サムライの世から近代国家へ。時代の大転換期の旗揚げ、気概が伝わってきます。それから140年。

その間、戦渦に覆われた昭和に入り、1942（昭和17）年11月、新潟新聞を源流とする「新潟日日新聞」と中越地域の「新潟県中央新聞」、上越地域の「上越新聞」の3社が太平洋戦争中の「1県1紙統合政策」により「新潟日報」となりました。それから75年。

脈々と発行し続けた新聞の歴史は、県民の汗と涙、勇気と笑顔に彩られています。それを伝えた記者たちをはじめ新聞発行の同人たちの苦闘の歴史でもあります。

新潟日報の未来はそうした歴史の教訓を踏まえなければ描けない。その意味から、創業140

年の節目に当たり、全社員に呼びかけた合言葉は「川を上れ　海を渡れ」。新潟日報社の本社屋「メディアシップ」は２０１３（平成25）年4月、新潟市の萬代橋たもとに開業しました。新潟の繁栄を象徴する江戸時代の北前船にちなみ、また新たな時代に向けたメディア精神（シップ）を掲げた20階建てのビルは、日本一の長さを誇る信濃川の河口、日本海を間近に望んでいます。

「川を上れ」とは、信濃川の上流に向かってさかのぼるように先人たちの苦闘の歴史を学び、自分の足元を再確認する。自らがよって立つ土台を強固にしながら、新たな使命感を奮い立たせてほしい。

「海を渡れ」とは、日本海の大海原にこぎいでて新潟を外から見つめ直し、良さの再発見や課題を見つける。その上で、未来に向けて果敢にチャレンジしていく強い信念を持ってほしい。

合言葉にはそんな思いを込めました。

地元紙新潟日報の報道活動の使命は、普通に暮らす県民の普通の生活と当たり前の幸せを守り抜くことです。それらを脅かす理不尽な暴力や権力の行使には言論をもって敢然と闘う勇気を持つことであります。

言論の自由は、自由な社会があってこそ実現されます。１４０年の間、引き継がれた新潟日報のＤＮＡは「自由」と「進取の精神」。それによって県民の「平和」への強い希求に応えることでありります。常に脅かされる「自由」と「民主主義」を守り、時代の変化にも「対応」するだけではなく、時には先取りして「自ら変革を起こす」。

新潟日報社が大事にしている歌があります。太平洋戦争の敗戦から戦後再出発の行動指針となったもので、社賓・会津八一が詠みました。歌碑が２０１６年秋、奈良の世界的な石工《いしく》・左野勝司さんが歌を彫り込み、メディアシップ脇に建立されました。

わがともよ　よきふみつづれ　ふるさとの　みずたのあぜに　よむひとのため

田んぼのあぜ道で汗水流して働く人たちのために、良い記事を書きなさい、といった意味です。県民に寄り添い、激変するメディア環境の中でどう生き抜くか。その上で、県民の未来（Future）を切り拓《ひら》く企業としてどう飛躍できるか。

NSR to Future。未来に向けた合言葉です。NSRはCSR（企業の社会的責任）の新潟日報版。新潟日報グループならではの社会貢献活動によって、新潟の未来を活力あるものにする総合情報企業を目指します。

新たな誓いを刻み込んだ１４０年記念誌を上梓《じょうし》いたします。興味あるページからでも開いていただければ幸甚です。

２０１７年11月

新潟日報社代表取締役社長　小田　敏三

新潟日報１４０年「川を上れ　海を渡れ」目次

第5章　災害―復興へ　不屈の魂

第6章　環境―豊かさの代償

第9章　スポーツ—熱き思いを

第1章　政治　――田中角栄の光と影

新潟県人初の首相、田中角栄。学歴や門閥に頼らず権力の頂点に上り詰めながら、「首相の犯罪」ロッキード事件で逮捕、有罪判決を受け、失意のうちに倒れた。しかし、戦後日本の復興と発展をけん引した「角さん」の生きざまは、今も人々の心を捉えて離さない。田中政治のルーツは、明治以来の「暖国・表日本中心政治」への雪国・裏日本の反乱でもあった。毀誉褒貶《きよほうへん》の激しい政界で「今太閤」から刑事被告人に転落、闇将軍と呼ばれた県人宰相と、新潟日報はどう向き合ったか。異能の政治家の「光と影」を浮き彫りにした精神は受け継がれている。

辻説法する田中角栄（1976年12月）

首相辞任

「私は裸一貫で郷里を発《た》って以来、一日も休むことなく、ただまじめに働き続けてまいりました。顧みまして、いささかの感慨もあります。しかし私個人の問題でかりそめにも世間の誤解を招いたことは、公人として不明、不徳のいたすところであり、耐えがたい痛苦を覚えるのであります」

1974（昭和49）年11月26日、田中角栄は「私の決意」を発表し、12月9日に首相を辞任した。就任時は、県人初の宰相に沸く地元だけでなく全国的に、学歴や家柄に頼らない「今太閤」ともてはやされたが、在任2年5カ月で首相官邸を去った。

列島改造がもたらした土地高騰、インフレ、石油ショックで国民の生活不安が高まったこともあったが、大きな打撃は「金権政治」「金脈」への批判だった。

戦後民主主義が成熟する中、選挙や派閥形成に「カネのかかる政治」を問題視する声が高まり、資金力を背景にのし上がった田中はその象徴とされた。74年の「文藝春秋」11月号が金脈問題を取り上げ、国会でも問題になっていた。

本紙は地元紙として田中に密着した。「田中の先見性と行動力は歴代首相と比較にならないほどの異能ぶりだった。その男に対し、どう対応すべきか」。71年から77年まで東京支社でデスク、報道部長を務めた山崎洪二は、試行錯誤の連続だったと証言する。

「地元紙なればこそ、過度の評判に流されず冷静に対応すること。評価すべきは大いにし、批判すべきは遠慮なくする、これが県民の新聞への信頼につながる」と山崎。記者たちは是々非々の姿勢を貫いた。

首相辞任を伝える11月26日の夕刊、翌日の朝刊では「『金脈』いずれ真実を―決意表明文」「自民政治の破たん」「黒い霧つきまとう」などの見出しが躍った。田中の「私の決意」の全文を掲載し、その中で金脈問題に触れた「私はいずれ真実を明らかにして、国民の理解を得てまいりたい」との文言を特に強調して報じた。

「田中は郷土の誇りだ。だとしても、金権政治の批判は新聞の立場から当然である」。山崎は振り返る。

田中の首相在任中に上越新幹線、関越自動車道が着工、74年には東京電力柏崎刈羽原発が国の基本計画に入った。世界最大級の原発計画に対し、本紙は海外の例も取材して事故の可能性など疑問点を列挙した。山崎は「日報の原発報道は決して田中の意に沿ったものではなかった」という。

一方で地元紙として、初の県人首相の挫折を惜しむ思いもあった。辞任翌朝の社会面では「角さん、幕切れの日」「重荷おろし　たんたんと」と県民の無念、惜別の感情を代弁した。

田中の首相辞任は文春報道が決定打になったとされている。文春の「田中角栄特集」は2本立てだった。立花隆の「田中角栄研究～その金脈と人脈」、秘書で金庫番の佐藤昭（後に昭子に改名）

を取り上げた、児玉隆也の「淋しき越山会の女王」。

田中内閣崩壊の舞台裏を描いた『田中角栄失脚』の著者であるノンフィクション作家の塩田潮は「首相辞任のとどめとなった。金脈を暴かれたのも痛かったが、本人には女性問題の方がこたえたのでは、といわれた。田中元首相は強気でパワフルだったけど、シャイで人間的に弱いところもあった」と語る。

田中は官邸を去った後も最大派閥を率いる。辞任直後の75年正月、東京・目白の田中邸では盛大に派閥の新年会が開かれた。取材した山崎は「会場は熱気むんむんで、足の踏み場もない。復権へ挑む田中の姿勢を表していた」と証言する。

だが1年後、米国発の疑獄事件が持ち上がる。

ロッキード事件

田中角栄が復権を期していた1976（昭和51）年2月4日、米国上院でスキャンダルが発覚する。ロッキード社が大型機を売り込むため、各国首脳へ賄賂を贈ったというのだ。

東京支社報道部長の山崎洪二は翌5日、東京・目白の田中邸を訪れた。ロッキード問題を尋ねると、田中は「あれはあっちの問題だよ」と否定し「若いころは小説家になりたかった」と話題を変えた。だが、田中に5億円が渡ったとの証言も出て、「首相の犯罪」に発展。田中は同年7月

27日、東京地検特捜部に逮捕される。

本紙は翌日の朝刊1面で知事・君健男の「田中前首相にここ一番といってお願いすることもないので、県政への影響はない」との談話を載せた。高速道や新幹線着工など新潟県のインフラ整備に多大な政治力を発揮した田中だが、逮捕後は「もう頼むに足らず」との趣旨だ。当時の報道を検証した作家の塩田潮の著書『首領（ドン）は何を見たか』によると、田中は「こんな感想を述べた君もけしからんが、そのまま記事にした日報も許せないと怒りに震えていたという」。逮捕以降、田中は本紙への不満を募らせたという。

事件の公判は東京地裁で77年1月に始まる。無罪を主張する田中と法廷で対峙《たいじ》した元東京地検特捜部検事の堀田力は「政治家としての功績が大きいだけに、惜しいと思った」と明かす。

堀田は2度、田中を激怒させた。はな夫人の供述を求めた際と、田中自身の尋問を求めたとき。「言葉を発しなくても怒りのオーラが伝わった。あんなに強いエネルギーを発する人はいない。多くの政治家がひれ伏すわけだ」

世間の批判が高まる中、田中側は株の買い占めなどで本社に揺さぶりをかける。78年10月、田中は新潟市のパーティーで突然、言い放った。「日報も大変なんだ。従業員が多すぎる。日報の経営には私にも（株主として）責任がある」

同年11月1日の本社創立記念日。危機感を抱いた本社社長の小《お》柳《やなぎ》胖《ゆたか》は病を押して式典に出て、全社員に訴えた。「日報の資本金や株数はけし粒のように小さい。それですら一生懸命に狙っている人もいる。そういう人があっても歯牙にかけず、労使が一つになって文化の殿堂を築く。新聞には自由がなくてはいかん」

田中は本紙に対抗する新聞社の設立も画策した。田中と本紙の攻防史を追跡した塩田は「田中さんは日報を簡単にのみ込むことができたなら、やっていたと思う。できなかったのは、日報が論調でも経営でも隙を与えなかったから」と分析する。

当時、本紙の販売店には一部の熱烈な田中支持者から「購読やめるぞ」と脅迫めいた電話もあった。長岡市の販売店社長柳沢久敏は「でも本社に相談すると『ちゃんと事実に基づいて書いている。心配ない』と言ってくれた。少し不快な記事もあってこそ、気になってますます読まれた側面もあるんじゃないか」と語る。

塩田は本紙が「自由な新聞」であり続けた理由として、「公器としての新聞」の紙面づくりを堅持してきたこと以外に、二つの点を挙げる。「戦中からの1県1紙体制で経営基盤が安定した点と、一部の在京メディアのように社屋建設のために国有地の払い下げを受けたりせず、政治家に借りをつくらなかったことだ」

83年10月12日、東京地裁701号法廷。田中に懲役4年、追徴金5億円の実刑判決が下る。翌朝、本紙は初公判から傍聴した記者が書き継いできたコラム「ロッキード裁判記者席」で、「その瞬間、田中の左のこめかみがピクリとかすかに震えた。腰のあたりにそろえた両こぶしを固く握りしめ、屈辱に耐えようとしていた」と伝える。「怒濤《どとう》の〝降角〟コール」と議員辞職を求める声を掲載、一方で「角さん、徹底抗戦」と復権に執念を燃やす姿も報じた。
憲政史上初めて元首相で実刑判決を受けた田中はその後、「闇将軍」、キングメーカーとして君臨していく。

新幹線と越山会

日本海側と太平洋側を結ぶ上越新幹線。「政治新幹線」ともいわれた動脈は、2017（平成29）年11月15日で開業35年となる。

「群馬県境谷川岳の大屏風にあく風穴の大きさが、新潟県発展のバロメーターだ」と常々口にした田中角栄。国道17号、国鉄上越線複線化、上越新幹線、関越自動車道を次々と実現し、「穴」をぶち抜いていった。

「明治初頭、新潟は日本一人口の多い県だったが、長年、表日本に人や資源が吸い取られていった。新幹線に象徴される暖国政治打破の期待感こそが越山会の源流だ」。こう語る本社前社長の高橋道映は1980（昭和55）年に長岡支社報道部に赴任すると、越山会の総元締めで「国家老」と呼ばれた秘書本間幸一のもとに日参した。

当時はロッキード裁判で在京マスコミを中心に田中批判の嵐が吹き荒れていた。多くの越山会員に、本紙も「どうせ批判だけだろう」と警戒されていた。

本間は当初、高橋にも3、4、5時間…ほとんど政治とは無関係の禅問答のような話しかしてくれなかった。じっと聞き続け、数カ月過ぎたある日、ぽつりぽつりと越山会のルーツを語ってくれるようになった。

「本間さんは記者の『聞く力』を試していた。信に足る人物と見込んでもらったようで、以降は何でも教えてくれた」と述懐する高橋。本間が田中に対して「あんたねえ…」とほぼ対等に意見具申していた場面も目撃している。「越山会は上意下達の側面がある一方、多くの会員が田中と『同志』的な気分を持っていた。だから強かった」

本紙は地元紙として、田中の「光」だけではなく「影」も含めて報じ続けた。新幹線など各種工事での業者と田中側との「ギブ・アンド・テーク」の構図だ。82年10月には、開業前の試運転中の新幹線で長岡入りした田中を「新幹線は角さんのお召し列車?」「試乗打ち切りなのに往復」とのカット見出しで「アンチ田中」の市民の声も代弁した。

新幹線着工などで田中の力が神格化される中、本紙はシリーズ「商都の論理」で、柏崎地域や魚沼地域とは異なり、旧3区でも商都・長岡では長年〝よそ者〟扱いされ、地盤構築に四苦八苦する田中の姿も描いた。元論説委員長渡辺誠は「田中にも越山会にも、強さもあれば弱さもある。そんな現実と歴史的な背景を報じた」と語る。

元越山会員らは今、当時の本紙報道を懐かしむ。元青年部長の県議星野伊佐夫は「日報は会の『結束の強さ』を描いてくれた。その理由を在京マスコミのように利権だけに断定した書き方ではなく、地域の事情を分析した上で書いていたのがうれしかった」と述懐。元越後交通秘書課長丸山幸好は「時に批判はされたが、表も裏もしっかりと会を見つめ、苦労した点も理解してくれていた」と話す。

「これからは東京から新潟へ出稼ぎに来る時代になる」。田中に誘われて工場進出したネミック・ラムダ（現TDKラムダ）の創業者・斑目《まだらめ》力曠《りきひろ》も「先生は交通・情報インフラの整備を通じた企業誘致に熱心だった」と振り返る。

上越新幹線工事に伴う新潟駅整備に関わった国鉄OBの元新潟市議岡本松男は「車両基地の位置（新潟市東区寺山）には、田中の意向が強く反映されている。将来の青森から大阪を結ぶ日本海縦貫新幹線の布石で、環日本海時代を見据えた新幹線の新潟空港乗り入れも念頭にあった」と、田中の先見性を指摘する。だが田中の死後、その政治力は本県には継承されず、レールが青森や空港へと延びることはなかった。

驚異の22万7761票

「新潟県民、3区の有権者は民度が低い」。ロッキード事件による逮捕後も旧衆院新潟3区でトップ当選を続ける田中角栄に対し、在京メディアの一部が、新潟の居酒屋で有権者に矛先を向けていた。酒席に居合わせた本紙記者たちは、上から目線の論評に違和感を覚えた。

地元紙として、雪国の苦労を知らない東京人も納得せざるを得ない記事で反論してやろう。その思いが１９８３（昭和58）年の通年企画「風土と政治」「越山会」の原動力となった。登場する逸話は、近年のブームで出版された角栄本でも引用される原典の一つだ。

在京メディアは、巨悪・角栄批判が報道の主流だったが、前社長高橋道映ら本紙取材班は、是々非々を基本に据えた。善悪二元論ではなく、なぜ田中が地域で必要とされ、トップ当選してきたか。事実を重ねて検証するには風土を解き明かすしかなかった。

83年元日から始まった「風土と政治」の舞台は小千谷市塩谷集落。冬は豪雪に閉ざされた無医村で、先人がツルハシで挑んだ手掘りの隧道《ずいどう》があった。だが完成後の維持管理は大変で、出水が多く、支柱はすぐ腐り、しばしば通行止めに。戦後長年、政治の光は当たらなかった住民が「強い政治」を求め、目白に田中を訪ねたのは72年だった。

逮捕後初めて信を問う76年「ロッキード選挙」。集落を訪れた田中は隧道に案内された。75年に県議に初当選し田中とのパイプ役になった広井忠男は言う。

「先生は隧道の暗闇をじっと見詰めた。山奥から出たいと掘り抜いた先人の執念と、集落の未来とに思いをめぐらしているようだった」

小千谷市の塩谷トンネル開通式であいさつする田中角栄元首相（1983年７月27日）

新トンネルは77年に着工され、ロッキード一審判決を控えた83年7月27日に開通した。その日は、くしくも逮捕からちょうど7年目の「屈辱の日」だった。田中があえて「7・27」を選んで開通式に出席し、マスコミ攻勢に身をさらした意味は何だったのか。それは田中の表日本中心政治や司法への「無言の異議申し立て」だったのかもしれない。「わずか60戸になぜ12億円もの税金を投入したのか」。都会から「地元への利益誘導」批判も出た。だが田中は開通式でぶった。「そんなことはない。親、子、孫が生まれ、故郷を捨てず、住むことができるようにするのが政治の基本だ」

旧新潟3区でフィールドワークを重ねた政治学者福岡政行は今、角栄ブームの原点に「塩谷トンネル」を挙げる。「官僚は一定の利用数が見込めないと予算付けしないが、田中は人口が少なくても困っている地域を助けてこその政治だとの信念があった。ブームは、効率最優先で弱者への想像力が欠けているような今の政治へのアンチテーゼでもあろう」

新トンネル開通から約3カ月後の10月12日、東京地裁で懲役4年の実刑判決。「許せん」。怒気を放った田中は、12月18日投開票の衆院選に向け鬼気迫る辻説法を重ねた。作家野坂昭如が対抗馬で立候補するなど「首相の犯罪」批判の嵐。窮地を救ったのは、名もない旧3区の住民たちだった。

元越山会青年部長の県議星野伊佐夫は語る。「越山会員だけでは10万に満たない。単なるトップ当選ではなく、ダントツになるには、会員以外の心をどれだけ頂戴できるかが鍵だった」。元越後交通秘書課長丸山幸好も「票が大きいほど無罪に近づくと。一丸となった」と述懐する。

田中の功罪、マスコミの功罪

高橋道映（前新潟日報社社長）

世論、マスコミ報道に県民と風土が、これほど翻弄《ほんろう》された時代はなかった。中央と地元メディアの立ち位置の大きな差を身にしみて感じた。

「なぜ選挙民は巨悪・田中に大量票ですがるのか」「新幹線や高速道路の利益誘導、地域エゴの風土こそ問題だ」。田中を支える有権者をあっさり「愚民」、風土を「未成熟にして政治意識の低い土壌」と断じた論調も中央では目立った。

「今太閤」ともてはやされた総理の座からロッキード被告に転落した田中は、「闇将軍」「キングメーカー」の異名をとり、中央政界を実効支配していく。

公判が大詰めを迎えた昭和50年代半ば、田中を支える旧新潟3区の拠点・長岡には在京の新聞、テレビ、週刊誌のおびただしい取材陣が押しかけた。大半が短時間、短期間の表層的な取材だった。

彼らの「矛先」は田中の支持組織「越山会」会員を中心に有権者に向けられた。そもそも越後人は口が重い。田中断罪の包囲網に見える取材攻勢に貝のごとく固く口を閉ざしていった。

「豪雪地で医者も来てくれず死んでいく。田中と共に道路に託した思いが分かろうはずもない」。マスコミの風圧に屈したかのような人々のうめきにも似た声が、今も耳に残る。

本紙も地元紙ゆえに有権者同様に在京メディアから「田中べったり」のいわれなき中傷、指弾を浴びた。

一方で田中サイドからも揺さぶりを受ける。本紙報道を巡る抗議の連発、不買の動き、本紙に対抗する新聞社設立の画策もあった。

本紙取材陣は、もがき苦しみながら田中の「功」と「罪」を見極め、ひたすら有権者の思いとふるさとの風土の奥深くにある田中支持の真相に迫っていった。

懲役4年の実刑判決直後の昭和58年師走の衆院選で、田中は22万票を獲得し世間を驚愕《きょうがく》させる。マスコミ攻勢に沈黙した有権者の反発票もたっぷり含まれていたはずである。

投開票日は雪。票は首相時の18万票台を超え、驚異の22万7761票を獲得。得票率は約47％になった。元論説委員長渡辺誠は思う。「『恩と利』というが、この時は『恩』の側面が強かったと思う。塩谷トンネルに象徴される地域の苦しみと向き合い続けた生きざまへの一人一人の恩返しだったのではないか」。85年に脳梗塞で倒れる田中にとって「最後の輝き」となった。

首領（ドン）倒れる

「この裁判には日本国総理大臣の尊厳がかかっている。えん罪を晴らせなければ死んでも死にきれない。百年戦争になっても戦う」

ロッキード裁判が続く田中角栄は、「無罪」獲得へ自派拡張に必死だった。「数は力」「力は数」。他派閥や無所属議員の取り込みを進めた。こうした〝外様議員〟を田中は大臣ポストなどで厚遇。一方、譜代の中堅若手には割を食ったとの思いが蓄積していた。

「保守党にとって世代交代は革命だ」「もう一度首相となり、えん罪を晴らす」

こんな田中の本音を察知した譜代の間で「このままではずっと自派から首相を出さないことになる」と不満がうっ積。派の重鎮金丸信のほか、後に首相となる羽田孜や橋本竜太郎、元衆院副議長渡部恒三、田中の秘蔵っ子で後の自由党党首小沢一郎といった面々が竹下登のかつぎ出しを模索していた。

1984（昭和59）年12月25日、築地の料亭。秘密裏に会名を「創政会」とすることを申し合わせ、表向き「勉強会」として進めることで一致した。85年1月下旬に竹下は目白に田中を訪ね、あくまでも勉強会の立ち上げだとする旨を報告。だがその後、マスコミは「政策集団旗揚げ」を一斉報道、本紙も「世代交代へ仕掛け」「田中派の流動化に拍車」などの見出しで報じた。

田中の秘書佐藤昭子は後年、旗揚げ後の田中の苦悩を本紙に明かした。朝から「オールド・パー」をあおる。「『毎日のように』ではなく毎日。『1本ぐらい』ではなく1本でした」。さらに「特にいっちゃん（小沢）ら子飼いが『あっちに行ってしまった』と苦しんでいた」とも証言した。

一方、当時の激動を小沢は今、語る。「僕らはオヤジへの気持ちは全く変わっていなかった。ただ、このままだと派が成り立たなくなるという真意が伝わらなかった」。田中排除の意図はなかったが、周囲の中傷による誤解もあったと指摘する。「もしオヤジが会発足前に僕らを呼んだら、会はできなかった。だがオヤジは怒りを抱えつつもシャイで気弱な面があり結局、僕らを呼びつけなかった」

渡部は証言する。会発足直前に仁義切りで田中を訪ねた際に「『許さんぞ』と部屋が壊れるほどに怒鳴られた。（同じ選挙区出身の著名人を）次の選挙で立てておまえをたたき落としてやると脅された」

ただ、その後も渡部は田中を訪問。「表面上は水に流したように一緒に酒を飲み、『東京一極集中は駄目だ』といった話をしてくれた。さすがの器だった。それから間もなくだった」

85年2月27日、脳梗塞で倒れた田中は言葉を失い、政界の表舞台から去った。

田中番記者の哀歌

小田敏三（新潟日報社社長）

「田中角栄はテロか病気でしか倒れない。そのとき、おまえは現場にいろ」

藤崎匡史・東京支社報道部長の「指示」はあまりにもシンプルだった。だが、その指示が意味する怖さを思い知らされ続けた田中番記者生活だった。初対面は、私が31歳、角栄63歳。絶大な権力を振るう「闇将軍」を相手に繰り広げた「番記者の悲しき哀歌」ともいうべきワンシーンは、角さんが自宅トイレで脳梗塞に倒れた1985（昭和60）年2月27日の夜だった。

角さんが、市ケ谷の東京逓信病院に搬送されたころ私は、娘婿・田中直紀代議士から「田中の近況を聞き出す」という下心を持つ番記者仲間と会食を約束した料理屋にいた。直紀氏は来ない。秘書が応対し夜9時すぎにはお開きとなった。私と後藤謙次氏（共同通信社田中番）の2人で「目白邸まで送りますよ」と秘書を誘った。秘書は田中邸前を過ぎた目白駅で下車した。秘書が田中邸で降りなかった理由を数時間後に知り、一生の不覚を悟った。

私らが通り過ぎた時、目白邸の玄関の門灯はついていた。「主人・田中角栄は帰ってきていない」ことのヒントそのものだった。

「夜の10時近くになっても角さんが帰宅しないのは変だ」。事の重大さは、翌早朝のNHKニュースで思い知らされる。「田中元総理が風邪をこじらせ都内の病院に入院」。追い打ちが続く。番記者仲間に「角さんが風邪で入院したそうです」と伝えた途端、「風邪で入院するわけないだろ！」。どん底まで落ち込んだ。

「そのとき、おまえは現場にいろ」。シンプルすぎる「指示」の深さと失態のほろ苦さが今もざらついた感覚でよみがえる。記者生活10年目の冬だった。

煮え湯も飲まされたが、角さんからは今も心に刻む言葉をもらった。「敵は一人でも少なくしろ。本当の友はせいぜい2人。広大なる中間地帯をつくれ。将来必ず生きる」。角さんの処世訓そのものだった。

田中番記者だった本社社長小田敏三は、翌日の28日朝になって「首領倒れる」の情報を知った。「痛恨の失敗だった」。前夜に田中家の身内を囲む懇親会を記者有志で催したが身内はドタキャン。そのまま飲み続け、重大情報のキャッチが半日遅れたからだ。

だがその後巻き返し、いち早く「角さんは石になった（政界復帰困難）」との情報をつかんだ。生ニュースでは伝えなかったが、本紙が派内の暗闘を詳報する貴重な背景情報となった。

田中が倒れた日、「越山会に衝撃が走った」と県政担当の前社長高橋道映は振り返る。田中筆頭秘書の本間幸一は「復帰間近」との前提で努めて冷静に指揮を執り、会員の動揺を抑えようとした。そんな中で、田中の重しが取れた知事君健男の「どこかほっとした様子」が印象に残っている。

父と娘

元首相田中角栄が倒れてから約2カ月後の1985（昭和60）年4月。田中は長女真紀子によって入院先から目白の自宅に連れ戻された。平河町の事務所も閉鎖。佐藤昭子や早坂茂三ら腹心の秘書が次々に解任された。

田中の復帰がままならぬ中、創政会は経世会「竹下派」となり、竹下は87年に首相に就任。だがその後は分裂を重ね、元首相小泉純一郎による派閥つぶしもあり、今では田中─竹下─橋本派の系譜は見る影もない。

ソ連訪問に出発する田中角栄首相と娘の真紀子（1973年９月26日）

90（平成2）年に田中は政界引退したが、その後もファンが多く存命する中、父の地盤、旧新潟3区から出馬した真紀子は93年衆院選で初当選した。田中は娘の晴れ姿を見届け、同年12月16日に息を引き取った。

本紙が94年に手掛けたインタビュー連載「発掘　田中角栄」。田中に近い関係者の証言で実像を振り返る企画だったが、その出版化をめぐりトラブルが起きた。真紀子は自身の記事掲載を拒否、取材を受けた他のメンバーも途中から掲載不同意に転じた。真紀子から断るように働き掛けがあったのが理由だった。

真紀子が敵視した秘書の佐藤や早坂のインタビューも収録されていたことが一因ではとの臆測も流れたが、真相はやぶの中。「出版妨害ではないか」との声も出た。

真紀子は初当選以来、「首相にしたい政治家」でしばしば上位に選ばれるなど国民的な人気を誇った。94年には1年生議員にして科学技術庁長官を射止めた。先輩大物議員にも切り込む姿を東京支社で取材した高橋正秀は「時代の空気を読む感性が抜群。父親譲りの行動力と鋭い舌鋒がだぶった」と振り返る。

２００１年の自民党総裁選では支援した小泉が勝

利、「内閣生みの親」として外相に就いた。女性初の宰相候補と目された時期もあったが、周囲とのあつれきの末、更迭された。さらに秘書給与流用疑惑で追い込まれて議員辞職した02年8月、高橋は本紙コラム「多面鏡」に、父角栄と娘真紀子の差を「雪国体験の有無」の視点で論じた。

田中については「雪に閉ざされる地で育ち、道路のない不便さを肌身で知っていた。道路が寸断されれば、陸の孤島になり、重い病は死をも意味していた。その体験が道路三法を作らせ、豪雪を災害と認めさせて国家補助を引き出し、雪は宿命と諦めていた人々に希望を与えていった」と指摘した。

一方、真紀子については「東京生まれの『目白御殿の姫』は、一冬に何人も雪下ろし中に転落する過酷な雪国の現実を知っているのだろうか」とし、「雪国の現実を踏まえ、父は首相になっても地元陳情を受け付けた。陳情政治に否定的だった娘。弱者への接し方まで対照的だ」と比べた。

功罪併せ持つ父と娘が君臨した「田中王国」だった本県。だが12年衆院選で真紀子、16年参院選でその夫直紀が落選、ついに田中ブランドの議席は消滅した。元越山会員からは「おおらかさが父の何分の1かでも娘にもあれば、とっくに首相になっていたのに…」などの惜しむ声が聞こえた。

折しも出版界は「角栄ブーム」。17年に真紀子は自著の『父と私』で、元副総理後藤田正晴が「あの父娘はよく似ている。しかし、決定的に違っているところは、育ちである」と評したことに触れた上で、「苦労人であった父に比べ、私は苦労知らずで、人に対する思いやりが違っている」といった指摘に関し、「正鵠《せいこく》を射ている面もあると認めざるを得ない」と記した。

真紀子さんの声、角さんの声

佐藤明（取締役営業統括本部長）

残念ながら田中元首相の肉声を聴く機会はなかったが、長女真紀子さんの親譲りのダミ声はよく聞いた。

もう四半世紀ほど前の1993（平成5）年総選挙である。元首相後援会・越山会解散から3年半後に突然、旧3区から出馬表明した真紀子さん。「とにかく彼女にくっついて、見て、聴いてメモしろ」と指示され、投票後まで1カ月半追いかけた。

当時のマスコミの関心は彼女が越山会を復活させることができるかどうか。どう地域の元会員票を掘り起こすか。だが、真紀子さんは予想外の行動に出る。長岡など都市を照準に主婦層を中心とした浮動票をさらう作戦だ。

「彼女は『ベルサイユのばら』のオスカル。男装の女性なんですよ。強い女には弱い女が共感するものですよ」と元首相秘書だった本間幸一さんはつぶやいたものだ。

その言葉通り、独特のキャラクターと歯に衣《きぬ》着せぬ既成政治家批判で主婦たちの支持を集め、9万票を超えてトップ当選する。小泉純一郎や橋下徹らへと続く劇場型選挙のはしりだった。

ただ、真紀子さんの作戦が自身にとって本当に良かったかどうか――。映像とともに残る選挙での元首相の声は、地域に根付く一人一人と思いを共にしているように聞こえる。一方、真紀子さんの声は強い風となって浮動票をさらう迫力はあるものの、「人々と思いを共有するまでには至っていない」とも感じた。

真紀子さんは風に乗って当選を重ねたが、きめ細かな後援会を地域に築くことはしなかった。そして風を失ったとき政界を去った。

風が吹き荒れる劇場型選挙・政治の流れは、いよいよ強まる一方だ。

高橋は思う。「『姫』も歳月を重ね、父に少し近づいたのかもしれない」と。

出世階段とカネ

「ないないづくしの世だが、お互いの胸の内への伝統的な温かさ、精神的な豊かさだけは一日も早く取り戻したい」。1947（昭和22）年4月25日、戦後2回目の衆院選で初当選した田中角栄。同27日本紙に喜びの談話を寄せた。

焦土から奇跡の復興を遂げた戦後日本の象徴的人物として常に名が挙がる田中。庶民が共感したのは生い立ちにもある。二田村（現柏崎市）で生まれ、成績抜群ながらも貧しく、小学校高等科卒業後、上京し働きながら夜学に通った。43年に田中土建工業を設立、急成長させたことが政界入りへの跳躍台となった。そして終戦。46年に戦後初の衆院選に出馬、落選するも47年の再挑戦で初当選した。28歳だった。

その生い立ちは、自著『私の履歴書』に詳しいが、田中番だった現社長小田敏三は「謎」に突き当たる。なぜ、20代の若者が、巨額の献金が条件だった政界入りを勧められるほどの資金をどこから調達したのか。

83年に本紙は、ロッキード裁判の被告人田中の「光と影」の解明に向け、その実像に迫ろうとしていた。

小田は、鍵を握る人物にたどり着く。伊豆の温泉で療養中だった元理化学研究所の幹部星野一也だった。

星野によると、田中は戦争末期、首都圏にあった理研の工場の朝鮮半島への移転工事を請け負った。現在なら150億円相当の大工事。工事費は軍票での3回分割払いの約束で、2回分を星野が送った段階で終戦に。混乱の中で軍票を現金に換えたに違いないという。

小田は、取材結果を田中本人にぶつけると、「大体あっている」と否定しなかった。星野は終生、田中の才覚に半ばあきれつつも、許していたという。「田中は私腹を肥やしたのではない。金を右から左へと政治のために流しているだけだ。その一点で許した」と。

本紙は、田中の人柄や県土づくりの「光」だけでなく、「影」も報じ続けた。新潟市の鳥屋野潟湖底地や長岡市の信濃川河川敷の土地投機といったいわゆる「錬金術」だ。

今、田中が「金権政治家」と断罪される以上に、待望論すら起きる人気を誇るのはなぜか。元論説委員長渡辺誠は推察する。「田中の金は国を動かす必要経費の観点でのフローであり、ストックではなかった。そこにわずかな明るさがあったのかもしれない」

田中は、高度経済成長と時を同じくして出世階段を駆け上る。官僚を味方に付け、手掛けた議員立法は33本。39歳で郵政相、44歳で大蔵大臣、47歳で自民党幹事長に就任。コンピューター付きブルドーザーと呼ばれた。71年、首相佐藤栄作の後継が注目される中、田中は通産相に就任。最大の懸案は日米繊維交渉だった。

米ニクソン政権が繊維製品輸出の自主規制を日本に要請。日本が拒否すると米国は輸入割当法制化を示唆、貿易摩擦に発展していた。田中は、従来方針を転換、米側の要望をほぼ丸のみして逆に恩を売ることにした。対外問題を国内問題と捉え、日本の繊維業界の損失を政府からの約2千億円もの救済融資予算で穴埋めする手法で打開を図った。

古い機械を破棄すると補償が入る仕組みで、弱小会社にも一定の利のある内容だった。繊維関連の下請け会社を営んでいた元県議馬場潤一郎は「現場の機微に通じた先生ならではの発想。国際問題だからと理念を無理強いすることなく、メリットも示す。どうすれば金が『生き金』になるかを知っていた」と語る。田中の豪腕ぶりに米国も目を見張った。視界に入ってきたのは「首相の座」だった。

県人初の宰相

1972（昭和47）年7月5日午後0時38分、東京・日比谷公会堂に大声が響いた。「田中角栄君、282票」。国中が固唾《かたず》をのんで見守った自民党総裁選。田中が決選投票で宿敵・福田赳夫を92票の大差で破り、政治権力の頂点を極めた瞬間だった。

沸き起こる歓声と拍手。田中は顔を紅潮させ、右手を高々と上げて応えた。出身地の西山町（現柏崎市）で花火が上がり、実家では「バンザーイ」の連呼の中で母フメが泣き崩れた。

県人初の首相誕生―。本紙の朝夕刊では、郷土の英雄に祝賀一色の大見出しが紙面を飾った。「バンザイ角さんやったぞ！」「日本海側　政策転換で明るい将来を約束」「決断と実行へゴー」社説で「新内閣の首相は決して本県が私すべきではない」と過度な地元への「利益誘導」を戒めはしたが、この日ばかりは紙面も歓迎ムードだった。

寒村から裸一貫で上京、最後は東大卒の元大蔵官僚を制し、権力の階段を上り詰めた田中。内閣支持率は空前の62％、庶民の夢を体現した「今太閤」と、国民的な人気を博した。

7月7日、第64代内閣総理大臣に就任した田中は、「決断と実行」を実践。電撃的に日中国交正常化を実現させた。初の記者会見で「機が熟してきた」と述べると9月25日に訪中。中国首相周恩来との間で29日に共同声明をまとめ上げた。

「裏安保なんだよ、日中は」。10年余り過ぎた83年、田中は番記者だった現社長小田敏三に、問わず語りに明かした。

「日米安保で日本は国防を米国に任せ、繁栄できた。米ソ関係が悪くなれば、米国は日本に軍備を要求する。しかし（国交正常化で）米ソ、日ソ間の中国の民が壁になった。だから軍事費が今も1％以内なんだ」

「政治とは生活だ」と話していた田中らしく、国民生活の視点から国交正常化の意義を説いた。当時はロッキード裁判の渦中。金権批判にさらされる悔しさを押し殺し、穏やかに述懐したという。

今、書店には「角栄本」が並び、ブームが繰り返されている。そのはしりが没後10年の２００３

年に本社が評伝や語録をまとめた『入門　田中角栄』だ。本紙の田中報道の総集編でもあり16（平成28）年に復刻された。

ブームの背景について、腹心だった衆院議員小沢一郎は「決断と実行を地でいった政治家。戦後の復興、経済発展の機関車役だった」と存在の大きさを語る。「面倒見がよくて世話好きで、情があって。本当に、いいオヤジだった」

その人柄は仇敵《きゅうてき》をも引きつけた。ロッキード裁判で鋭く対立した東京地検特捜部の元検事堀田力は、振り返る。「開けっぴろげで人情に厚く、好感を抱かされた。今はいない家父長型の議員だ」

田中を知る関係者は「角栄のような政治家は二度と出てこないだろう」と口をそろえる。再評価は郷愁ばかりが理由ではない。

インタビューに応じる田中角栄元首相（1984年６月）

堀田は「温かみや人情味がない現在の政治への批判もあるだろう。今は右も左も理念的で生活感と懸け離れている」と指摘。小沢は「今の自民党は格差を拡大させる一方だ。もし今オヤジがいたら、国民すべてにお金が回るように真っ先に所得水準の向上策に取り組むだろう」とみる。

庶民の目線で、43年間の国会議員生活を駆け抜けた田中。その生きざまは多くの人を魅了し続けている。

第2章　対岸へ　――波立つ日本海

田中角栄元首相を語る政治風土のキーワード「裏日本」（日本海側）。新潟日報の最も古いルーツである新潟新聞は、明治期に日本海に面する港町、新潟町（現新潟市）で生まれた。この地の歴史を語るとき、対岸諸国との関わりは欠かせない。戦前の新潟港は満州（中国東北部）への玄関口であり、戦後は分断国家、北朝鮮への在日朝鮮人帰国事業や環日本海交流などの舞台となった。時に国際政治の荒波に揺れながら、国境を超えて展開されてきた物語を追う。

中国黒竜江省・三江平原での田植え（2015年5月）

１９４５年８月15日　空白の街

ポツダム宣言受諾を伝える「玉音放送」がラジオで流れた１９４５（昭和20）年８月15日。日本海に臨む県都、新潟市の中心部は奇妙な静けさに包まれていた。畠田昌福・県知事布告による「原爆疎開」で街は空っぽになっていたからだ。広島、長崎に新型爆弾（原爆）が落とされ、次の投下候補地は新潟ではないかとの判断から、11日に疎開命令が出ていた（布告は10日付）。

新潟港は、朝鮮北部を経て旧満州（中国東北部）へ至る航路を持っていた。Ｂ級とはいえ、原爆の投下候補地だったことが戦後、分かっている。

東中通に立つ新潟日報社では編集局長の西村二郎（後に社長）が、新聞製作の指揮を執っていた。「家族はその前から疎開させ…（社員は）合宿みたいにして（略）寝泊まりしながら、社の仕事をしていた」（生前の証言、日本新聞協会『別冊新聞研究　聴きとりでつづる新聞史』）。

西村は東京出身。前職は同盟通信社（共同通信、時事通信社の前身）の内国部長である。本紙編集局長だった小柳胖《おやなぎゆたか》（後に社長）が応召となり、自身の後任に旧知の西村を指名したのだった。

小須戸町（現新潟市秋葉区）の農業関係施設の宿直室に寝泊まりしていた西村の長女、昌子（神奈川県藤沢市）は前日の14日、父が訪ねてきたのを覚えている。丸刈りに国民服姿。栄養不足でやせていた。その父が告げた言葉は、家族を驚かせた。

「戦争は終わる。明日正午のラジオを聞きなさい」

いわゆる「終戦の詔勅《しょうちょく》」は14日夜、同盟から電話で本紙に送信される予定だった。ところが通信状態が悪く、不通になる。新聞編集で協力関係にあった毎日新聞社から、福島民報経由で入電を受けた。その夜は敵機襲来の情報があり、鉄かぶとを着けた速記担当者が必死に詔勅全文を書き取った（『新潟日報二十五年史』『五十年史』など）。

戦時中の用紙統制で、新聞は表裏2ページのペラ紙1枚。詔勅は1面に置かれた。見出しは「休戦の大詔《たいしょう》降る」。毎日新聞から本紙に出向していた編集局次長兼整理本部長、山本光春（後に毎日新聞社社長）が付けた。社説は「肝に銘じ前途を見よ」との見出しで、降伏に直面する県民へ冷静な対応を呼び掛けた。

終戦の極秘情報はいつ、もたらされたのか。山本と同じ毎日出向組で、本紙主筆室にいた城戸又一（後に東京大学教授）の証言が残る（『聴きとり―』）。11日か12日ごろに知り、本紙社長の坂口献吉か西村に話したという。毎日新聞出身で内閣情報局にいた塚田一甫が、新潟や福島への出向者をひそかに訪ねて伝えていたのだった。新潟では、終戦へのカウントダウンと原爆疎開が同時進行で進んでいたわけだ。

本紙1面コラム日報抄を長く担当した遠藤孝夫は原爆疎開の体験者を取材し、92年に連載した。本紙記者として、疎開のさなかにいた清水誠一（後に新潟放送社長）は、遠藤に異様な街の光景を語っている。

「自転車で新潟の街なかを回ったが、ほとんど人はいなかった。古町9で日章旗を振り『おれはここで死ぬぞ』と叫ぶ老人がいた」（遠藤の取材メモ）

45年8月15日正午。昌子は玉音放送を聞く。「もう空襲はないんだ」。うれしかった。そして放送の終了が、半日寝かせておいた朝刊配達解禁の合図となった。8月の青い空に青い海、空白の街―。大陸への玄関口だったはずの新潟港は、米軍による機雷封鎖で見る影もない。戦争遂行を支えてきた記者らの胸には、何が去来したのか。

新潟日報、戦時下の誕生

「深く戦時下の新体制を認識して（略）期待に酬《むく》いんと欲する」

太平洋戦争さなかの1942（昭和17）年11月1日。新潟県の上中下越3紙が統合して「県紙」新潟日報が誕生し、創刊の辞が掲載された。発行部数は約8万4千部。政府による言論統制策「1県1紙」政策によるものだ。

これは北海道などと並び全国で最も遅い。本県では比較的小規模な新聞社が戦前の2大政党系列に分かれ、争ってきたことがその背景にある。中でも激しく対立したのが、港町新潟市を基盤とする2紙だった（『二十五年史』『五十年史』）。

作家坂口安吾の長兄、献吉らが率いる「新潟新聞」と、近代的な経営で知られた小柳調平、胖

1933年、新潟港を離れる満州丸。満州（中国東北部）錦州盤山県への本県の開拓団が乗っていた（「ふるさとの百年　新潟」新潟日報事業社編）

親子らの「新潟毎日新聞」である。前者は民政党系、後者は政友会系。新聞統合後、調平は新潟日報社の初代社長に就いている。

政論新聞の色彩が濃かった2紙を報道主体に変えた契機は、31年9月の満州事変だった。同月に上越線が全通し、全国紙が本県に本格参入した影響も大きかった。新潟毎日は6月から夕刊2回を発行し、朝刊と合わせて1日3回発行とする速報戦で対抗した（春原昭彦『日本新聞通史』）。

32年3月には「満州国」が成立。太平洋側に比べて発展が遅れていた「裏日本」の港、新潟港は満州の首都新京（現長春）と東京を結ぶ「日満連絡路」の拠点として、重要性を増した（『新潟市史』など）。

本県など日本海側でもてはやされたのが「日本海湖水化」論だった。対岸と航路を開き、開発することで日本海側も発展するという構想だ。裏日本からの脱却という悲願は戦前、戦後を通じて、新潟の歴史に深い陰影をもたらしていく。

32年5月。元新潟新聞主筆で民俗学者の小林存《ながろう》は満州などを訪問し、同紙に連載した。「帝国の生命線は即ち我が新潟港と県市との生命線だ」（小林存『満蒙の生命線への道』）

新潟港は満州へ移民や軍隊を送る役目を担った。日中戦争は泥沼化し、41年12月、太平洋戦争が始まる。戦争遂行のため、言論統制も強化された。先に述べたように本県の新聞統合は難航した。上越は「上越新聞」、中越は「新潟県中央新聞」、下越は「新潟日日新聞」と3紙に統合し、その上で新潟日報1紙にする2段階方式が取られた。

新潟日日の記者だった清水誠一は、新潟市で戦死者の母親を取材したときの様子を回想している（94年10月28日の本紙）。「突然半狂乱になってなべをはたきながら『おらのあんにゃが死んだ』と泣き叫んで駆け回った。ショックだったねぇ」。だがそれは書けず、けなげな軍国の母の記事に仕立てた。「憲兵や特高が目を光らせていて、会社が合併するときにはずされた者もいた」。新聞統合は、官憲の意に染まない記者を排除する役割も担ったのだ。

45年に入ると、太平洋側の港は米軍の爆撃や機雷封鎖で使えなくなる。新潟日報社の2代目社長に就いていた坂口献吉は、新潟港に社員を率いて、石炭荷役の勤労奉仕に当たった。8月1日夜―。B29爆撃機が焼夷《しょうい》弾の雨を降らせたのは新潟市ではなく、長岡市だった。

米軍は日本人の戦意を失わせるため、地方都市への空襲を予告する宣伝ビラを配布した。長岡の名を記したものもある。多様な宣伝ビラの中で、終戦を早めたとされるのがポツダム宣言の内容を知らせた新聞形式のものだ。それには、激戦地硫黄島で戦死したはずの小柳胖が関わっていた。

捕虜となった記者たち

1945（昭和20）年9月下旬。同盟通信社編集局長の上田碩三《せきぞう》（後に電通社長）を一人の米国人が訪ねた。上田の義弟で、本紙編集局長だった小柳胖からの手紙を携えていた。

「俺は生きてゐる、その第一報　委細は帰国後に譲るより他は無い」

小柳は8月29日の本紙に、戦死の記事が掲載されたばかり。手紙の発信地は米国ハワイの日本兵捕虜収容所だった。「冥土の便り」をもたらしたのは元収容所長、オーティス・ケーリ（後に同志社大教授）である。爆撃調査団員として来日した。ハワイで共に活動していた捕虜たちの消息を知らせに、家族の元を訪れたのだった（ケーリ『真珠湾収容所の捕虜たち』）。

捕虜たちの活動。それは米軍に協力し、日本人向け宣伝ビラに携わることだった。報道経験のある人間が中心になり、「マリヤナ時報」という新聞形式のビラを作成した。小柳のほか、同盟通信社、朝日新聞社などの記者がいた。

硫黄島守備隊として洞窟に潜んでいた小柳は、米軍の呼び掛け放送に応じて投降した。火炎放射器を発射される寸前だった。小柳はこう言ったという。「どうしても死ねない者は出るがいい（略）生きて、生き甲斐《がい》のある生き方が出来る者は出るべきだ。俺は出る！」。洞窟に残った日本兵は炎の中で命を落とした（ケーリ、前掲書）。

ハワイでケーリと共に日本人捕虜を尋問していたのが戦後、新潟と深い縁を結ぶことになるドナルド・キーン（後にコロンビア大教授）だった。キーンは「小柳さんは捕虜のリーダー格だった」と回想している。

大本営発表では分からない戦争の実態を日本人に知らせ、戦争を終結させることが祖国のためになる。小柳らはそう考えて、米軍に協力した。だが内面は複雑だったろう。この間まで日本で戦意高揚の新聞を作っていた身なのだ。

7月26日。米英中3国はポツダム宣言を発し、日本に降伏を迫った。捕虜たちはその内容を一般の日本人に知らせるビラを作成した。「三国共同宣言発表…荒廃か平和か決断の秋《とき》至る」。日本政府による宣言受諾通告や、連合国側の回答を記したビラもまかれた。これらが終戦への動きを早めたとする指摘は少なくない。

小柳が帰国前、家族に宛てた手紙が残っている。印象的なのは、敗戦後の日本再生と言論に対する思いだ。「日本の言論の自由、通信社の自由、食糧問題（略）燃料問題、住宅問題が当面の僕の一等気にかかっているのです」（45年9月14日付）

帰郷を果たすのは46年11月。戦争への協力を問われ、坂口献吉らと共に公職追放されるが、後に復帰した。55年の新潟大火では社屋に火が回る中、号外を出そうとして奮闘し、2階から飛び降りて重傷を負った。67年に第4代社長に就任。本社を新潟市郊外の黒埼に移転させることを決断したのも小柳である。

ハワイで共に「もうひとつの新聞」を作った記者たちも日常へ戻った。同盟の特派員だった高橋義樹は戦後、共同通信社で書評などを担当した。そのかたわら作家として、戦場体験を書いてもいる。「でもテレビにハワイが映ると、〝見たくない〟と消していました」。妻の幸子（東京都）が見た戦後の夫の姿だ。

小柳の晩年は口中のがんとの闘いだった。ロッキード事件報道などの時代を経て、亡くなるのは86年。「戦争とがん、二つの死と生とのはざ間に、一級の文化人、新聞人として悠然と身を処せられた」。交流の深かった常務、石堂平也は社報にそう記した。

イカダ日本海号、漂流す

「永住の楽土も夢　愛児の遺骨を抱いて丸二年目　新潟駅頭握手も濡《ぬ》れて」

１９４６（昭和21）年6月6日の本紙は、新潟駅に引き揚げてきた満州「盤山県新潟村」開拓団員の様子をこう伝えた。本県からの満州移民は約1万3千人とされる。ソ連が侵攻して来る中、過酷な逃避行を強いられ、子どもを失った人は少なくなかった。

新潟日報社も敗戦後、再出発を迎えている。連合国軍総司令部（ＧＨＱ）による占領の下、新世代が次々と入社した。その一人が92歳になる上村光司（後に社長）である。46年7月、本社の中にあった「夕刊ニヒガタ」編集室に配属された。大学を中退し、新潟市に戻ってきたのだった。
「同期入社には、元陸軍大尉や満州国の元検事もいた。おずおずと編集室に入っていくと背の高い、黒い髪の豊かな人がいた」

前年11月に入社した平山敏雄（後に社長）だった。東京出身の平山は、中国・大連で少年時代を過ごす。朝鮮・鎮海から復員し、新潟にいた叔父を頼って来ていた（『しづかなる―平山敏雄文集―』）
「平山さんは、若くして社会部長を務めた。大陸育ちのせいか対岸への関心が高く、早い時期からそうした企画を展開した」

56年の日ソ国交回復により、再び日本海が注目されるようになる。上村が「環日本海企画の先駆け」と言うのが57年夏、本紙創刊15周年事業として行われたイカダによる日本海の漂流調査だ。日本海北部沿岸の漁業は不振が続き、沖合水域での漁場開発に関心が高まっていた時期である。本紙と研究機関、関係県の漁業者らと構成する「日本海新漁場開発調査会」が事業主体となった。

専門家とともに、イカダ「日本海」号に本紙から乗り込んだライターは2人。志願者は多かった。身体検査の結果、選ばれたのは社会部の中島欣也と学芸部の原田新司である。中島は戦闘機「隼《はやぶさ》」の元パイロット。後に作家として、河井継之助など戊辰の時代に材を採った小説を書いた。長岡空襲で家族を失った原田は、戦災資料の収集整理に尽力し、長岡市の長岡戦災資料館に寄贈している。

原田の回想によれば、企画のヒントになったのは、太平洋を航海したヘイエルダールのイカダ

「コンティキ号」の漂流記だった（『五十年史』）。日本海の荒波に耐えるには、どんな構造のイカダが適切か。専門家を訪ね歩き、「化繊製の大型救命ボート案」にたどり着いた。

日本海号には、プロパンガスや野菜が積まれた。7月13日。能登輪島沖100余キロの洋上から、対馬海流に乗って日本海を北上する旅が始まった。

「後部甲板にオールを立てて、その上に雨おおいのゴム布の屋根を張った。これが隊員の作業、食事、休憩、その他なんでも使うサロンになるのだ（略）海は一晩中イカダをオモチャにしてゴウゴウと鳴り続けた」（7月15日付、「日本海」にて中島記者）

うねりは激しく、記者たちは船酔いにさいなまれた。95歳になった中島は振り返る。「最後は胆汁まで吐いた。水彩絵の具のような黄色が海に散り、きれいだと思ったね」

日本海号の漂流記や写真グラフは、連日紙面を飾った。水温・塩分などがほぼ同じ性質を持つ海水の固まり「水塊」の形や性状が解明された。沖合の寒暖流が交錯する水域では、予期せぬ魚群も確認された。真っ黒に日焼けした記者たちと研究データを乗せて、「日本海」号が青森県鰺ケ沢港に入港したのは8月2日朝。約500キロの旅であった。

「地上の楽園」北朝鮮

1959（昭和34）年12月14日。みぞれの降る新潟港中央ふ頭は熱気に包まれていた。岸壁から離れようとしているのは、北朝鮮への「帰国」第一船であるトボリスク号とクリリオン号だ。社会主義国である分断国家への在日朝鮮人帰国事業は、世紀の「人道事業」として世界的な注目を集めていた。

「居住地選定の自由という長い間の願いは、いまここに実現した（略）第一陣九百七十五人は（略）希望の新天地北朝鮮へ向かった」（12月15日の本紙）

帰国者の中に、新潟県団長を務めた林泰奉がいた。住んでいたのは、新潟市の月見町周辺にあった県内最大の朝鮮人居住地である。社会部記者だった中島欣也はウイスキーを持ち、バラック建ての家を訪ねた。「オンヘア、オンヘア…」。朝鮮民謡を歌い、酒を前に語り合う。

北朝鮮は当時、教育も医療も無料の「地上の楽園」と宣伝されていた。戦時中の過酷な炭鉱労働で健康を害していた林は、熱っぽく話した。「共和国（北朝鮮）は科学が発展している。帰国したら原子力で体を治してもらうんだ」

差別や貧困にあえぐ在日朝鮮人の帰国熱に火をつけたのは58年9月、北朝鮮の金日成首相が行った受け入れ演説だった。韓国は帰国事業を「北送」と呼び、激しく反対した。だが朝鮮総連を中心に始まった帰国運動は、日本国内で盛り上がっていく。労働組合や知識人の間では社会主義国へのあこがれは強かった。

当時の首相は岸信介。59年2月、政府は赤十字国際委員会の介入を条件に、帰国実施への協力方針を閣議了解する。事業の受け入れ港に名前が挙がったのは新潟、舞鶴（京都府）など。反対

北朝鮮に帰国する前夜、手回り品を整理する新潟市の林泰奉さん一家（1959年12月13日、新潟市河渡の日赤センター）

派によるテロが懸念されたが、新潟では早い段階から受け入れに積極的だった。

　２００１年に編集委員として連載「検証　帰国事業」をまとめた森沢真理は言う。「戦前、新潟港は朝鮮航路で栄えたという記憶が残っていた。日魯漁業出身の北村一男知事はじめ、港を核とした対岸交流に期待をかける人たちがいたことが大きい」。実務を担った日本赤十字社副社長の葛西嘉資（佐渡出身）や厚生官僚で後に衆議院議員となる小沢辰男ら、関係者が不思議と「新潟人脈」で固められていたことも寄与した。新潟飛行場には帰国者の宿舎などに活用できる旧米軍施設があり、東日本の新潟港が韓国から離れていることも条件に合ったという。

　１９５９年８月14日の本紙は日朝両赤十字が「帰還協定」に調印したと報じた。乗船港は新潟、北朝鮮の下船港は羅津、清津、興南の３港とすることなどが盛られた。新潟飛行場の一角に新潟赤十字センターが設置され、内部に１２００人余を収容できる宿舎が用意された（『新潟市史』）。テロの懸念は杞憂《きゆう》ではなかった。12月６日の本紙は「日赤センター爆破を計画か　新発田で二人を逮捕」と伝えた。

　「昭和の怪物」と呼ばれたフィクサーで岸のブレーンを務めた矢次一夫が回想している。宿舎を「韓国大使館のＫＣＩＡ（韓国中央情報部）が爆破しようという計画」があり、県警が未然に処理した。もし成功していたら、金大中事件以上の騒ぎになっていた（岸、矢次ら『岸信介の回想』）。

帰国事業は一時、中断したが84年まで続き、新潟港は約9万3千人の在日朝鮮人を送り出した。帰国直後の林から本紙に、1度だけ手紙が届いた。「毎日、肉に卵のご馳走《ちそう》攻めです」。そして音信は途絶えた。

物資不足による苦しい生活、厳しい思想統制。帰国者の多くにとって北朝鮮は楽園ではなかった。「あんなに〝祖国〟を信じて輝いていた林は、どんな思いだったろう」。銀髪になった中島の表情が曇った。

「裏日本」ひっくり返す

「一九七×年――（略）日本海地域の独立を、フランス、イタリアのジャーナリズムは『巨象に対するアリの挑戦』と批評、また経済合理主義をもって知られる東京在住のある財界人は『〝お荷物〟が離れていった。わが国の経済成長は一段と高まるよ、キミ』と大笑した」

1970（昭和45）年、本紙が展開した通年企画「あすの日本海」の一節だ。太平洋側を発展させるため、労働力と資源を供給し続けてきた日本海側の自治体が反旗を翻し、連邦として独立する――。井上ひさしの小説『吉里吉里人』を先取りしたような未来図を描く「裏日本の新座標」をはじめ、大胆な雪国改造などに切り込んだ企画は大きな反響を呼ぶ。

「太平洋側は表日本と呼ばれ、ガンガン発展していた。裏日本と呼ばれた日本海側から、それをひっくり返してやろうという気持ちがあった」。報道第二部長だった青木研三は言う。

「所得倍増」を掲げて池田勇人内閣が発足したのは60年7月のことだ。太平洋沿岸の東海道ベルト地帯に、輸出主導型の工業地帯が造成された。東京など大都市部が過密化し、公害が社会問題化した。一方、本県など日本海側では急速に過疎化が進んでいく。

68年には、自民党幹事長だった田中角栄が中心になり「都市政策大綱」を発表した。後に日本列島改造論の原型となる大綱にも「刺激を受けた」(青木)。

取材チームは「あすの日本海」像を求めて各地の専門家を回った。編集局次長として企画を統括した中島欣也は振り返る。「東京大の研究者を使うのでは、面白くない。それなら京都大にしよう。野党的な考えがいいと話し合った」

ルポ『日本タイムトラベル』で、日本海を囲む環日本海文化圏について触れた作家の小松左京、評論家の加藤秀俊、名古屋大教授で雪氷物理学者の樋口敬二…。紙面を飾る個性的な顔ぶれの中で、強い印象を残したのは小松だった。

担当デスクだった斎藤強は、山道を行く小松のために湯沢まで長靴を届けた。積もった雪を見た小松は「山に水が張り付いている」と表現した。雪をやっかいものではなく、水を蓄えるダムと見立てたのだ。「作家は発想が違う。面白いなあ、と思った」(斎藤)

「あすの日本海」菊池寛賞に

斎藤強（元新潟日報記者）

われわれの住む日本海側は太平洋メガロポリスの陰になり、「裏日本」という言葉でくくられてきた。１９７０年代の始まりに、地域の新しい可能性を探る多角的な考察に挑んだのが「あすの日本海」だった。

発想を転換し、20年後、30年後を考えて日本海を取り巻く地域の可能性を考えるという作業は、そう簡単なことではなかった。

討議を重ねて企画を積み上げ、テーマを絞っても「日本海地域の可能性」についての話を聞く人を探すことがまた大変だった。日本海沿岸の各県をはじめ、東京、名古屋、大阪、神戸などを歩き回り、話を聞いた人は２００人に及んだ。

70（昭和45）年正月から「あすの日本海・でっかいプラン」「逆転にっぽん列島」「この海をかけ橋に」「雪国改造」「日本海文明圏への提言」などを紙面展開した。そして「日本海時代の未来図を描く積極的な企画」と評価され、第18回菊池寛賞を受賞した。

授賞式会場は東京・ホテルオークラ。この年の受賞者の松本清張（『昭和史発掘』）、江藤淳（『漱石とその時代』）、平凡社東洋文庫、西川鯉三郎のそうそうたる顔ぶれと同席した。賞金の一部で記念にモンブランの万年筆をそろえた。

賞のおかげで、県外からも反響があった。「ああいう企画はどうやって組み立てるのか？」「青年会議所の主催であすの郷土を考えるシンポジウムを開催した」など。共感してもらった人たちは、どんな成果を手にしているだろう？

小松は本紙に「裏日本はなかなかヨコ通しでつながらないハモニカ長屋だ」とも語っている。ハモニカ長屋とは大小の箱を並べたような棟割り長屋。新潟、富山、石川といった自治体は首都圏などと強く結ばれているのに、日本海側同士での交流は薄い―。今日でも通用する鋭い提起だ。

3年後の73年。小松は長編ＳＦ『日本沈没』を発表し、時代の花形となる。本県が舞台となる場面もある。主人公は糸魚川渓谷で噴火を目撃するのだ。

70年の菊池寛賞を受けた「あすの日本海」を、地元の新潟市でむさぼるように読む人がいた。後に日本海圏経済研究会（日海研）の幹事として、90年代の環日本海（北東アジア）ブームをけん引する藤間《とうま》丈夫である。連載は「われわれの〝日本海〟運動にとって、精神的な声援を与えてくれるものであった」と自著『動き始めた環日本海経済圏』で回想している。

藤間が日海研の前身となる勉強会をスタートさせたのは67年。当時、中国東北部やロシア極東などを視野に入れた日本海経済圏という発想は夢物語だった。だが72年9月、首相の座に就いた田中角栄は劇的な日中国交正常化を果たし、日本海に吹く風は変わっていく。風の一つはかつての満州、中国東北部の黒竜江省三江平原から吹いてきた。

三江平原に結んだ夢

1978（昭和53）年2月24日。農民交流で北京に滞在していた亀田郷土地改良区理事長の佐野藤三郎は、中日友好協会幹部の訪問を受けた。「東北平原を開発したいが、開発の援助をお願いしたい」

突然の話に驚く佐野。半生を懸けることになる黒竜江省・三江平原開発プロジェクトとの出会いだった（佐野、青木紘共著『新日本海時代への道』など）。

三江平原は面積約1千万ヘクタール。黒竜江、松花江、ウスリー江の三大河に挟まれた低湿地帯だ。中国政府はこの一帯を食料基地に変えるため、日本の技術導入を思いつく。新潟市郊外の亀田郷はかつて「地図にない湖」と呼ばれるほどの湿田地帯だったが、乾田化に成功する。その記録映像を見た周恩来首相が、亀田郷の名を記憶にとどめたのが契機となった。

かつて兵士として戦争を体験し、21世紀の食料問題に深い関心を持っていた佐野は申し出を快諾する。「亀田郷農民　中国開拓に挑む」。78年4月14日の本紙は1面でこのニュースを伝えた。同日の夕刊で、佐野は荒れた大地を沃野《よくや》に変える夢を語っている。「ダムを張り、川を整備して、かんがい用水で計画的に水を流し、機械化を進める。アルカリの土壌も変える必要があるからね」

中国にとって、日中国交正常化を果たした田中角栄首相の古里、新潟は特別な地でもあった。70年前後から佐野と交流があった前社長の高橋道映は言う。「佐野さんと角さんは似ている部分が多かった。物事を見る先見性や、マグマのような統率力があった。中国など対岸に対するまなざしも共通している」

佐野は79年に県日中友好協会を立ち上げ、民間ベースの技術協力団を黒竜江省に送る。技術団

環日本海運動と佐野藤三郎

望月迪洋（元新潟日報記者）

佐野藤三郎には海軍召集兵だった戦争末期の記憶がある。乗船した巡洋艦が撃沈され、暗闇の海を漂った。捨てたはずの命を拾ったとき「これからは、まるで違う人生を」と誓った。環日本海運動へと突き動かしたのは大陸への夢やロマンではない。戦争と侵略の果ての深い溝に「どんな希望の橋懸けをしようか」と。いつしか不抜の執念になった。

だから亀田郷の技術を知った周恩来が王震や孫平化を介し農業協力を求めてきたとき、一も二もなく持てる力をふり絞って飛び込んだ。それがやがては三江平原計画が実現する道づけとなったのだ。また深い湿田と格闘した昔の亀田郷を知らない若い農民らとなんども訪中団を編成し、苦境の中国農民と話をさせた。農業こそが、彼の環日本海運動の原点であったから。

藤間丈夫や市原哲三と1985（昭和60）年12月、「日本海を平和の海に」を掲げて啓発的なフォーラム・日海研を立ち上げた。招請した大来佐武郎、金森久雄らとの親交が、旧大蔵省人脈に依存しがちだった佐野藤三郎の世界をさらに広げ豊かなものとした。

90（平成2）年7月、財界の重立ち衆を引き連れ、ハルビン、ハバロフスク、新潟と北東アジア三角空路を飛んだとき、壮大な佐野構想は最高潮に達したかに見えた。団長の田淵節也が「環日本海圏は、今日をもって啓蒙《けいもう》から実践へと転換した」と述べたのは参列者の総意だった。

ソ連崩壊、中国の資本主義経済化とともに雪崩をうって開始した環日本海圏は、新たなビジネス・チャンスをもたらすはずだったのだが…。とはいえ佐野藤三郎はまぎれもなく最前線の旗手である。

は調査の結果、竜頭橋地区を開発のモデル地区候補に選んだ。

佐野は、ロシアや朝鮮半島との交流にも活動の幅を広げていく。85年には、民間で環日本海経済圏構想を進めてきた藤間丈夫を支援して、日本海圏経済研究会を立ち上げた。

佐野とともに日海研を支えたのは、元県総務部長で「アンチ君県政」の旗頭だった市原哲三である。医師出身の君健男は74年に知事に当選し、4期の長きにわたって県政に君臨した。本県は田中元首相、君知事による二大支配構造の下、新幹線などインフラ整備が進められ、急速に東京への依存を深めていた。

「君知事は大の共産圏嫌い。だが市原は田中一辺倒、公共事業だけではいかん、新潟の経済振興は対岸を狙うべきだ―と考えていた」。市原を支えた東邦産業会長、五十嵐喜八郎が振り返っている（95年8月12日の本紙）。

中国で天安門事件が起きて間もない89（平成元）年10月半ば。報道部の阿達秀昭は、黒竜江日報との記者交換で三江平原を訪れた。新潟―ハバロフスク―ハルビンの三角空路が開設された直後で、ハバ経由でハルビン入りした最初の日本人となった。

「どこまで行っても大平原。地平線に沈む大きな夕日が印象深い。時折草ぼうぼうの民家があり、鶏も見えた。アムール川の数十キロ付近まで近付いた」

かんがいダムをつくるという竜頭橋も訪れたが、「小さな堀のようなもの」があるだけだった。

中国政府が沿岸部の開発を優先させたこともあり、三江平原開発はなかなか進まなかった。94

冷戦終結で西側への開放を控えるロシア・ウラジオストク（1991年11月30日、空撮）

（平成6）年、佐野はくも膜下出血で亡くなる。市原、藤間も世を去った。中国政府が日本に円借款を要請し、竜頭橋ダムを完成させるのは２００２年のことである。

冷戦終結と北東アジア

１９９１（平成3）年12月末、報道部の鈴木聖二はロシア極東のウラジオストクにいた。極東艦隊の基地として、外国人や艦船などの訪問が制限されてきた軍事都市が、年明けと同時に完全開放される。その表情を伝えるためだった。

89年のマルタ島会談で米国とソ連両首脳は冷戦終結を宣言し、その波が北東アジアに押し寄せていた。本紙は西側からの取材が難しかった対岸の諸地域に次々と報道陣を送り込み、鈴木はこの年だけで3度目のウラジオ入りだった。

「冷戦終結は近代史の大転換。環日本海地域は大きく変わる。新潟がその拠点となり日本の裏と表も逆転する。そんな熱気をバブル経済の余韻がかき立てていた」

軍需工場のトップ、ＫＧＢの名刺を持つ国境警備隊長、マフィアの幹部…。さまざまな人たちが開放への期待を語った。取材をセットしたウラジオストク新聞の記者は、自宅で「今信頼できるのはこれだけだ」と、小さな缶に詰めたドル紙幣の束を鈴木に見せてくれた。

世界が劇的に動いた89年は、本県の政治にとっても大きな転換点になった。田中角栄元首相が引退を表明し、君健男知事も亡くなる。次の時代の羅針盤として脚光を浴びたのが、「環日本海」構想だった。

新潟市は冷戦時代からハバロフスクとの定期空路を持ち、独自の「自治体外交」を重ねてきた。新たに県知事に就いた金子清は、県政の柱に国際化戦略を掲げる。バブルを背景に、対岸を新たな市場と見る企業の動きも活発化していく。

「ソ連をにらむと新潟の地理的条件は東京だけでなく日本全体の玄関口」。本県経済界のリーダーの一人で、新潟中央銀行頭取だった大森竜太郎はそう語り、ソ連投資環境整備会社の設立などを進めた（91年11月7日の本紙）。

91年4月にはソ連「改革」の旗手として知られたゴルバチョフ大統領が来日し、話題を呼ぶ。前年の90年10月、本県では経済人らが中心となり「ゴルバチョフ大統領を新潟に呼ぶ会」を結成している。本社社長の南緑八郎が会長に就き、ソ連の新聞「イズベスチヤ」にゴルバチョフ氏招請の広告を出したが、残念ながら新潟訪問は実現しなかった。

北朝鮮「黄金の三角地帯」をゆく

森沢真理（論説編集委員室長）

北朝鮮北東部にある羅津港は、濃紺の静かな海が印象的だった。戦前、新潟港との航路があった岸壁には、ソ連の広軌と北朝鮮の狭軌の鉄道が走る。ソ連貨物の中継港らしく、巨大な石炭の山が築かれていた。

環日本海ブームさなかの1991（平成3）年11月、日本海圏経済研究会の藤間丈夫さんらと北朝鮮を視察した。同国とロシア、中国国境を流れる川、豆満江《ともんこう》（中国名・図們江）流域、「黄金の三角地帯」の経済開発構想を取材するためだ。羅津、先鋒港や北朝鮮の3国国境地帯に入るのは戦後、西側記者では初めてだった。

中国吉林省やソ連極東など、隣接地域で開発構想が打ち出されていた時期だ。平壌で会見したキム・ジョンウ対外経済事業委員会次官は「他国の特区より最も有利な経済開発貿易地帯をつくる」と意欲的だった。

視察のために特別列車が仕立てられ、赤茶けた初冬の山を見ながら北上した。北部3港の一つ、清津港には新潟港からの在日朝鮮人帰国事業の船が入っている。帰国船を迎えに出たというゾン・チリョン清津港長は「入港の時はアリランの歌声が響き渡った」と思い出を語った。

日本の記者を国境地帯に入れることには、政府内で大きな議論があったようだ。藤間さんは北朝鮮の担当者から「視察の先々で経済開発の重要性を話してほしい」と頼まれた。

出国後、私は共同通信社北京支局から、現地の記事と写真を本紙のほか、加盟紙各社に発信した。「東海（日本海）を平和の海にしたい」。新潟弁で熱っぽく語る藤間さんの口調と、白く光りながら日本海へ注ぐ豆満江が記憶に残っている。

記しておくべきはこの時期、国境を超えた地方紙交流が進んだことだろう。ウラジオストク新聞や中国・吉林日報、韓国・大田日報などと本紙の間で記事、記者交換が行われた。東京やモスクワなどを経由しないニュースが海を渡った。

97年7月8日には、日韓の地方紙10社の女性記者が意見を交わすフォーラムが新潟市で開かれた。本社社長の五十嵐幸雄はレセプションで、「『近くて遠い』間柄の日本と韓国の関係を近づけるためには地方同士の草の根交流が大切」と呼び掛けた。

だが、政治体制の違いなどが壁となり、ロシアなど対岸との経済交流は実りを見せなかった。金子は佐川急便事件、大森は経営問題の責任を取って辞職し、バブル崩壊とともに機運は失速する。２００２年に明らかになった北朝鮮の日本人拉致や核、ミサイル開発などで、日本海は急速に冷え込んでいく。

鈴木の訪問から25年後の16年9月。論説編集委員の大塚清一郎がウラジオを訪れた。東方経済フォーラムが開かれ、プーチン大統領と安倍晋三首相が対談した直後だった。

「日本からの投資に期待が高まっていた。平和条約締結に一歩を踏み出すとみる研究者もいた」（大塚）

歴史の中で、緊張と平和の間を揺れ動いてきた日本海。時代が変わろうと、新潟に根付く本紙はこの地から対岸に向き合っていくしかない。潮風の中に、先人が積み重ねてきた歴史を感じながら。

第3章　原発——神話との闘い

新潟県は明治時代から、人や物資を首都圏に供給してきた。そして東京をはじめとする首都圏の電源地としての宿命を背負わされてきた。大正時代からは水力による電気を、その後は原子力発電により首都圏の電力需要を支えた。本県初の原発である「柏崎刈羽原発」計画が明らかになったのは半世紀ほど前。以来、本紙は県民の安全を最優先に原発報道を続けてきた。その核心は、地方への原発立地に使われた「安全神話」「経済神話」という二つの神話と闘う調査報道だった。

日本海の荒波と柏崎刈羽原発

揺らぐ安全神話

２００７（平成19）年７月16日、東京電力柏崎刈羽原発は震度７の強烈な揺れに襲われた。中越沖地震である。全７基の原子炉のうち、動いていた４基は原子炉緊急停止（スクラム）が働き、停止した。しかし、３号機の変圧器で発生した火災の消火に手間取り、黒煙が上がる映像がテレビで繰り返し流された。災害時対応の拠点となる「緊急時対策室」は入り口の扉がゆがんでしばらく使えなかった。「絶対安全」とされた原発の危機管理の甘さが露呈した。

地震からちょうど１カ月後の８月16日の本紙で、通年企画「揺らぐ安全神話」がスタートした。激震に見舞われたあの日、原発で何があったのか。関係者の証言を基に状況を再現した。第１回では「世界最大の原発集積地で起きた非常事態は何を意味するのか。深く検証し、断層が走る地震国・日本の『原発』を考えたい」と企画の狙いを明記した。

「なぜこの場所に原発が建てられたのか」「国の安全審査の実態はどうだったのか」「審査の妥当性を認めた司法に責任はないのか」。これらの根源的な疑問を解き明かすためゼロから取材を積み上げた。同時に、国や東電に徹底した情報公開を求め続けた。厚いベールに覆われた原発行政の透明性を促す契機にしたいとの思いからだった。

「弁護士が訴訟で取り上げる以上によく粘った」。柏崎刈羽原発１号機設置許可取り消し訴訟の弁護団事務局長を務めた弁護士の和田光弘は取材班の姿勢を評価する。

　和田は、事務所に来て訴訟記録を読み込む記者の姿が印象に残っているという。初めは「新聞記者にどの程度できるのか。あの分量を本当に読み込めるのか」と思っていたが、「時間のかけ方が半端じゃなかった。地盤、工学、放射線などの分野もよく整理してやっていた。審査の実態を明らかにしてくれた」と振り返る。

東京電力柏崎刈羽原発３号機の屋外に設置された変圧器から出火、黒煙が立ち上った（2007年７月16日午前10時30分ごろ＝第９管区海上保安本部提供）

　地道な取材によって、いくつものスクープを掘り起こした。東電は１９７９（昭和54）年～85年に周辺海域で行った断層調査で、大きな地震が起こり得る「逆断層」を、比較的小さな地震を起こすとされる「正断層」と誤って評価していた。国が安全審査でこの誤りを見逃していた点も、審査体制の問題点を浮き彫りにした。
　３号機変圧器火災の際、地下に埋設された消火系配管が破損して機能しなかった問題では、柏崎市消防本部が東電に対し、同系統の配管の地上化を繰り返し指導していたことも分かった。
　原発が立地された経緯を取材する過程で、原発建設用地が東電に売却された利益約４億円を田中角栄元首相宅に運んだという元秘書の証言を初めて引き出した。

忘れられない言葉

三島亮（報道統括部長）

2007（平成19）年の中越沖地震から10年が過ぎた。忘れられない言葉がある。

「震災の不条理に原子力施設の事故が加わると、もうこれは人間の耐えられる限界を超えていくだろう」

作家の高村薫さんが語ったことだ。地震国・日本で原発とともに生きるということは何を意味するのか―。それをテーマに聞いた。

中越沖地震は、自然災害と原発事故が重なる複合災害への警告だった。それは11年の東京電力福島第1原発事故で現実のものとなった。

かけがえのない命と、日常を奪われた人々が強いられた不条理をぬぐい去ることはできないだろう。

中越沖地震の後、原発取材班のデスクを務めた。中心はいずれも柏崎支局経験者。原発素人の私との組み合わせは良かったと思う。しばしば対立したことで、議論が深まったからだ。

やりたいことがあった。上告中で提訴から30年の柏崎刈羽原発1号機設置許可取り消し訴訟の検証だった。「一、二審の訴訟記録全てに目を通し論点を整理し、判決に関わった裁判官にも話を聞いてほしい」

取材班にこう言うと、とてつもない厳しい目線が返ってきた。「黙して語らず」が裁判官の慣例だ。まして個別判決について取材に応じることは考えられない。司法担当経験者であれば、この注文の難しさを容易に理解できた。新潟に戻る新幹線車中で検証の意義を強調し、記者を説得し続けたこともあった。

しばらくして取材班の三浦穂積が一審裁判長だった人の退官後の所在を特定し、話を取ってきた。本当に頭の下がる思いだった。

取材班の原点に立ち返らなければならない。高村さんの言葉をかみしめながらそう感じた。

原発が地震で被災したのは柏崎刈羽が初めてのケースだった。残された多くの教訓を東電は生かし切れないまま、11年の東日本大震災に襲われ、福島第1原発事故が起きた。

企画を担当した仲屋淳は「今考えると、中越沖地震は福島事故の前兆、天からの警告だったような気がする」と話す。

「揺らぐ安全神話」は日本新聞協会の2008年度新聞協会賞と日本ジャーナリスト会議のJC J賞に選ばれた。新聞協会賞の授賞理由で「柏崎刈羽原発立地決定の経緯を検証、原発に絡む政官財の思惑、行政、裁判の問題点など原発問題を多角的に取り上げ、専門的で難解な原発と地震の問題を分かりやすく解き明かした」と評価された。

二つの計画

1965（昭和40）年5月4日、日本初の商業用原発が臨界に達した。日本原子力発電（原電）が茨城県に建設した東海発電所である。高度経済成長の中、需要の急増が見込まれる電力を確保すべく、資源の乏しい日本は、原子力発電を本格的に推進しようとしていた。

それから3年後の68年10月12日。本紙は1面トップの大きな見出しで伝えた。

「柏崎に原子力発電所　東電、建設の意向固める」

東京電力が原発を計画したのは、柏崎市と刈羽村にまたがる砂丘地で、県はこの年の1月から

3月にかけて、現地調査を行っているというのである。

同年10月17日の社説では、柏崎市の行政や経済界が地域振興のため積極的に誘致を提唱していることに理解を示しつつ、「忘れてならない条件」として「安全性の確保」を強調している。

東電は翌69年9月に柏崎刈羽原発の建設を正式に発表した。72年に1号機を着工し、5年後に発電を開始する計画だった。最終的に総出力８００万キロワット超の世界最大級の発電所となることが公表された。

東電の原発は、福島県の福島第1と福島第2に続いて3カ所目。それらはいずれも東電の電力供給区域外にある。大手の電力会社で管外に原発用地を求めたのは東電だけだ。

原発建設には、広大な土地が必要となる。64年に国の原子力委員会が定めた立地審査指針では、原子炉から一定の距離の範囲は「非居住区域」で、その外側は「低人口地帯」であり、「原子炉敷地は人口密集地帯からある距離だけ離れていること」の3要件を挙げていた。大都市に基盤を置く東電が、送電線などのコストがかかっても遠隔地に原発建設の用地を求めたことは必然とも言えた。

同じころ、巻町（現新潟市西蒲区）の角海浜でも原発計画が極秘裏に進められていた。東北電力の計画が正式に発表されたのは71年5月だが、その2年前の69年6月3日の本紙に、巻原発計画のスクープが載った。

当時の報道によれば、角海浜は「巻から8キロほど離れた9戸13人」の集落だった。若者はすべて集落を出て働いており、「老人だけが息子の送金や恩給、年金で生活している」過疎のムラだった。

全国を見渡すと、原発はこうした辺境の地に建てられている。柏崎刈羽原発の計画地も荒涼とした「不毛の砂丘地」だった。福島第1原発の地元も人口減少が続く過疎地帯である。

人口減少に悩む地方自治体にとって、原発は地域を潤す起爆剤に映った。74年には電源3法が公布され、立地自治体には多額の交付金が配分されるようになった。柏崎市には78年度から2015年度までに約1658億円が配分された。原発のリスクを引き受けた地方への代償のようにも見える。

原発は立地地域を本当に豊かにしたのだろうか。柏崎地域で反対闘争が激しかった76年から79年にかけて、柏崎支局にいた伊藤直人は「建設時は景気もよかったが、原発に頼りすぎ、本当の意味では発展できなかった」とみる。

本紙が2015（平成27）年に行った柏崎刈羽原発の地元企業への調査では、福島事故の影響で全号機が停止していることについて「影響がない」とする回答が7割近くにも上った。

「原発は地域振興に役立つ」。原発の地元でよく語られるこの言葉もまた、「神話」だったようだ。

地盤論争

東京電力柏崎刈羽原発1号機は1974（昭和49）年7月、電源開発調整審議会で、国の電源

計画に組み込まれた。その年の4月、知事あっせんにより漁業補償が妥結。6月には、立地自治体に多額の交付金をもたらす電源3法が公布された。県内初の原発建設へのレールが敷かれたように見えた。

ところが、8月5日に現地を調査した新潟大工学部教授の松野操平は、1号機真下に断層があると判定した。東電は否定したが、反対派は「信じられないほど劣悪な地盤の上に原発が造られようとしている」と主張した。現在も続く、「地盤論争」の始まりだった。

反対派が原発敷地内の地盤に疑いを抱いたのは、東電が計画を発表するたびに、炉心の位置が変わっていったことからだった。反対派リーダーの一人で現在も地盤問題に取り組む刈羽村の武本和幸は「地盤が悪いので、位置や向きをいろいろ変えたんだろう」と当時の紙面で訴えている。

反対派は独自に入手した資料などを基に東電を追及したが、東電はこれを全面否定した。しかし、柏崎市長の小林治助は「第三者の県に地盤の評価を求める」などとして東電に設置許可申請の留保を求めた。原発を誘致した地元首長としては異例の対応だった。

県の結論は翌75年2月に出た。「小断層はあるが、通常建造物に支障はない。しかし原発は特殊な構造物であり、さらに検討が必要」。玉虫色の報告だった。それを受け東電は3月、原子炉設置許可を申請。5月には原子力委員会の安全審査が始まった。

本紙は地盤論争をさまざまな角度から報道してきた。75年9月には柏崎市と刈羽村の住民を対象に世論調査を実施。地盤について「どう思うか」聞いたところ、「なんとなく心配」が50%、「非常に心配」18％と「大丈夫」を大きく上回った。「新潟の原発　柏崎地盤論議の争点」（77年5月）などの記事を随時掲載し、安全性を検証し続けてきた。

国は77年9月に1号機の設置を許可。それを受け、原発に反対する住民らは79年7月に許可取り消しを求めて新潟地裁に提訴した。地盤の安全性についても争点となったが、一審新潟地裁は94年3月、二審東京高裁は２００５（平成17）年11月、いずれも住民側の訴えを退けた。

07年7月に中越沖地震が発生し、柏崎刈羽原発は想定を超える強い揺れに襲われた。国の審査の信頼性を覆し、原発の耐震性に疑問を突きつけることになったが、最高裁は09年4月、上告を棄却、住民側の敗訴が確定した。

11年3月の福島第1原発事故を受けた新規制基準による原子力規制委員会の審査でも、断層の活動性が論点の一つとなった。規制委は現地調査を行うなどして断層の活動性を検討し、16年4月に「約20万年前以降の活動はなく活断層ではない」とする東電の主張を認めた。ところがその後、火山灰を分析した県内の専門家から、「東電の推定は科学的とは言えなくなった」という新たな指摘を受けた。

柏崎支局長として規制委の現地調査や東電の説明会などを取材した岩本潔は「断層が将来動くのではないかとの指摘を東電は否定し続けてきた。しかし地元では情報公開が十分でないという不信感が根強く、住民の不安を払拭《ふっしょく》し切れていない」と感じている。

40年以上にわたる「地盤論争」。その結論はいまだに出ていない。

重大事故　拭えぬ懸念

前田有樹（報道部）

大きな地震によって東京電力柏崎刈羽原発が重大事故に至る可能性はないのか―。原発建設前に持ち上がったこの懸念は約40年を経た2017（平成29）年現在も拭い去られていない。

最大の原因は、東京電力や国が「原発立地」という結論ありきで、原発の耐震安全性を巡る調査、評価を行ってきたことだろう。

自らの意に沿うデータを並べて安全性を強調する一方、立地を脅かす不都合な知見からは目を背ける。東電や国のそうした姿が明るみに出るたびに、地元の不信感は募っていった。

特に、07年の中越沖地震で柏崎刈羽原発が設計時の想定を大きく超える揺れに襲われたことは衝撃だった。建設前の1977（昭和52）年ごろまでさかのぼって原因を探った。東電や国による当時の調査、評価がずさんだった事実をつかんだ。

例えば、東電は断層の評価で「逆断層」を「正断層」とする初歩的なミスを犯していた。国は建設前の安全審査で活断層の専門家から、原発の北東に連なる断層群が同時に動いてマグニチュード8規模の地震を起こす可能性を指摘されたが、事実上無視した。

こうした姿勢は、福島第1原発事故を経験してからも改められたように見えない。

2017年4月、新潟県内の地質学の専門家らが地層中にある火山灰の分析結果から、柏崎刈羽原発敷地内外の断層が将来活動する可能性を指摘した。

科学的な疑義が示されたにもかかわらず、東電は従来の主張に「自信がある」として再調査すら行おうとしない。チェック機関である原子力規制委員会も、専門家の指摘について検討することには消極的だ。

無視された警告

1979（昭和54）年3月28日、米国ペンシルベニア州にあるスリーマイル島原発で事故が発生した。営業運転中だった同原発2号機で、冷却水が大量に失われ、炉心溶融（メルトダウン）が起き、放射性物質が放出された。事故の深刻度は、国際評価尺度で上から3番目のレベル5に分類された。

このニュースは、原発計画が持ち上がっていた本県にも衝撃を与えた。本紙では4月末から、連載「新潟の原発　安全神話の崩壊」で、立地地域の人々がどう受け止めたかを伝えている。

柏崎刈羽原発1号機は事故の4カ月前に着工していた。原発から1㌔足らずにある柏崎市荒浜町内会では、住民の投票で町内会長が反対派から賛成派に移っていた。前会長の男性は「行政や東電の言う安全性がいかにインチキだったたか、今回の事故で立証された」と語気を強めた。しかし賛成派は強気の姿勢を崩さない。「電源3法の交付金もつき、建設も進んでいるのに、いつまでも〝東電来るな〟では取り残される。そうした住民感情が私を選んだ」と新町内会長は言うのだった。

一方の巻町。炉心予定地から巻駅までは8㌔。スリーマイル島事故で妊婦や児童に避難勧告が出た距離と同じだ。住民たちの不安は現実的になった。そして一番ショックを受けていたのが、計画を推進してきた人たちだ。「半年、いや1年は確実に遅れたんじゃないですか」。当時の巻原発推進協議会の会長は戸惑いを隠さなかった。

スリーマイル島事故から2年後の81年4月、福井県の日本原電敦賀原発で放射能漏れ事故が明らかになった。当時、柏崎支局員だった西山昌二は敦賀市の様子をルポしている。市の商工観光課長は風評被害だとマスコミを批判、「新潟に帰られたら、平穏だったと書いてほしい」と頼み込んできた。事故を契機に原発批判の声は出ていたものの、作業員の宿泊や飲食などで潤った地元では、表立ってそうした声は聞けなかった。まさに「金しばり」の状態だったという。

西山はその時取材した市の原発を担当する係長の言葉が記憶に残っている。大阪大で原子力を学んだ係長はこう言った。「あなたなら何がやれますか。この問題は簡単じゃないんですよ。原発は巨大なものだから全貌を把握できるものではないんです」

86年には旧ソ連のチェルノブイリ原発で炉心溶融後に爆発、運転員らが死亡し、放射性物質が広い範囲に拡散した。

こうした国内外の事故を日本の電力会社と規制当局は、真剣に受け止めていたのだろうか。

東電が福島第1原発の事故前まで広報用に作製していた「原子力発電の現状」という冊子がある。その中では、スリーマイル島やチェルノブイリの原発事故の概要が紹介されている。

スリーマイル島の事故について「水位計の指示を誤認するなどした運転員のミスや、圧力逃がし弁の故障など設計上の不備が重なって」と事故原因を分析。こうした過酷事故は「機械の故障などにより異常が発生し、さらに、その異常が事故に拡大しないための安全装置の故障等が幾重にも重ならないと起こらないもので、わが国においては起こりえないと考えられている」と記述している。

発せられた警告に耳を傾けなかった東電は、２０１１年に東日本大震災の揺れと大津波に襲われた福島第１原発で、未曽有の大事故を引き起こすことになる。

世界一の集積地

本県に世界一の原発が造られた。１９９７（平成９）年７月、東京電力柏崎刈羽原発で７号機が営業運転を開始し、全７基の総出力は８２１・２万キロワットになった。建設計画公表から約30年を経て、世界にも例を見ない巨大発電基地が完成したのである。

６号機（96年11月営業運転開始）と７号機は「ＡＢＷＲ」（改良型沸騰水型軽水炉）が採用された。炉心の冷却水の流量を変えて出力を制御する再循環ポンプを、原子炉圧力容器の下の部分に内蔵したのが特徴。従来型よりも出力が大きいが、建屋はコンパクトで建設費も削減され、東電は「経済性の向上」を自賛していた。

しかし、原発反対派からは「国際的に信用度の高い米国原子力規制委員会が型式承認を出さない危険なプラント」との指摘もあった。

本紙は、世界最大の原発誕生を控えた96年２月から、「新潟の原発　柏崎刈羽」シリーズを展開。使用済み核燃料の再利用を図る「プルサーマル」や使用済み核燃料処理の課題、情報公開の在り方などについて伝えた。これらは今も、原子力の課題であり続けているテーマである。

さらに、1号機の運転開始から10年余りが過ぎ、原発によって「まちは変わったか」を探るため、柏崎市と刈羽村の現状をルポし、先進地の福島第1、第2の福島県と、商業炉に加え高速増殖原型炉「もんじゅ」などが集中する福井県敦賀市の様子を紹介した。

７基の原子炉が集中し、世界一の規模となった東京電力柏崎刈羽原発。手前から５－７号機、奥は４－１号機（2013年７月２日、本社ヘリから）

この連載では「地域振興」を掲げて進められた原発建設が、地元住民の豊かさをもたらしたのかを検証した。柏崎市は電源3法交付金で野球場や博物館などを建設したものの維持管理費が重荷になっていると指摘し、技術力が壁となり参入できた企業は少数で、経済的な恩恵も限られていたことを伝えた。

当時、柏崎支局でこれらのシリーズに携わった小原広紀は「作業員が1万人いて、原発の経済効果は今以上に言われていたし、今よりは街に活気もあった。連載で地域への影響を客観的に伝えようと努めた」と振り返る。取材では、原発の建設終了後の地元経済に不安を抱く人が多いのが印象に残ったという。当時の柏崎市長・西川正純は、固定資産税など原発の「お守り代」が廃炉まで続くような制度変更を求めていた。

柏崎刈羽原発の約420万平方メートルの敷地に七つの原子炉が完成し、営業運転を目前に控えた97年6月。本紙は連載「集中立地を問う」を掲載、さまざまな角度から巨大発電基地の問題を切り取った。

「7基もあれば事故の確率だって7倍」「大地震によって全基で事故が起きる可能性がある」。反対派からはこんな声が聞かれた。

それに対して、柏崎刈羽原発の当時の所長は、あるプラントで見つかった不具合をすぐに別のプラントに反映できることや、社員が約千人いるのでトラブルに対して技術者を集中動員できるなどとして、「集中立地はむしろ安全」と断言した。

東日本大震災が発生したとき、6基の原子炉がある福島第1原発では1〜3号機が運転中だった。すぐに自動停止したものの電源を失い、冷却のための機器が動かせなかった。

暴走を始めた三つの原子炉を、東電は制御することができず、大量の放射性物質をまき散らすことになったのである。

原発を拒んだ町

地元の民意が国策に待ったをかけた。1996（平成8）年8月4日、巻町（現新潟市西蒲区）で原発建設の是非を問う全国初の住民投票が行われた。投票率は88・29％。原発反対票が61％を占めた。その夜、町長の笹口孝明は「原発予定地内の町有地は東北電力に売却しない」と表明した。

その町有地は3年後に、原発に反対する町民に売却された。売却をめぐって住民訴訟が起こされたが、最高裁は2003年12月18日、原告側の上告不受理を決定、随意契約で売却した町長の裁量権を認める二審東京高裁の判決が確定した。東北電力は巻原発計画を白紙撤回した。国の電源開発基本計画に組み込まれた原発では、初めての断念だった。

巻町は保守同士の政争が絶えない土地柄だった。1971（昭和46）年に原発計画が公表されて以降、74年から86年までの4回の町長選では、現職が新人に負け続けた。原発に「慎重」だった候補が当選後に「推進」に転向し、次の選挙で「慎重」の新人に負けるという図式だ。

潮目が変わったのが94年8月の町長選だ。「慎重」を主張して初当選し、「凍結」を訴えて再選した町長佐藤完爾が「原発推進」を公約して3選を果たしたのだ。建設用地の買収でつまずき、着工時期がたびたび先送りされていた巻原発計画がいよいよ動きだすかのように見えた。

危機感を募らせた住民が動きだす。町長選直後の10月、巻原発住民投票を実行する会が発足した。代表はのちに町長となる笹口だった。翌95年1月から2月にかけて自主管理の住民投票が行われ、推進派がボイコットする中、有権者の45％が参加し原発反対が95％に達した。

「自主管理の住民投票が非常に大きかった」。のちに本紙大型企画「20世紀にいがた100シーン」で、巻の住民投票を描いた伊藤直人は振り返る。伊藤は80年、柏崎刈羽原発2、5号機の第1次公開ヒアリングを取材している。「実力阻止」を掲げる県評など労組関係者と機動隊による暴風雨の中での攻防。「権力が牙をむく象徴的な場面」だった。

全国注視の中で行われた巻原発の是非を問う住民投票。反対票が過半数に達することが確実となり、反対派の事務所では歓喜の声が上がった（1996年８月４日、巻町）

労働運動の延長にあった柏崎刈羽の原発反対闘争と、巻の住民投票を求める活動には大きな違いがあったと、伊藤はみる。「五五年体制が崩壊して古い政治の枠組みが崩れ、市民が声を上げ始めた」ことが広がりを呼んだと感じていた。

巻町ではその後、町議選を経て、住民投票条例が可決された。推進派は投票実施の引き延ばしを図ったが、佐藤町長はリコール運動の末、辞職に追い込まれる。出直し町長選では笹口が当選、ついに条例に基づく住民投票が実施された。

8月4日の住民投票に向けて本紙は「選択8・4」と題したシリーズを展開、原発の安全性や必要性、住民投票の意義などを伝えた。伊藤は「原発の是非を選択するのはあくまで町

巻原発　対立と混乱

原崇（長岡支社報道部）

1996（平成8）年「8・4」直後、「これで巻原発建設計画はなくなる」と旧巻町の住民の多くは思った。いや、そう思いたかったのだ。住民は95年の自主管理住民投票以来、推進派町長リコールなど数々のハードルを突破してきたが、疲れ果ててもいたからだ。

しかし、東北電力は計画を諦めなかった。白紙撤回に至るまでの7年余こそが「厳しく長い本当の試練だった」と、「巻原発住民投票を実行する会」の設立メンバー田畑護人は語る。

東北電は水面下で推進派を支援。99年春の町議選で推進派候補が「原発争点隠し」の戦いを進め、議会多数派となった。

翌年の町長選で推進派に負ければ、「8・4」の民意はほごにされ、建設予定地の中核部分にある町有地は東北電に売られてしまう――。そんな危機感から99年夏、実行する会は、随意契約で町有地を買い取る〝荒技〟に出た。町内に再び「原発は終わっていなかった」との意識が芽生え、町長選では推進派に勝利した。

東北電は2003年12月、計画の白紙撤回を表明。ようやく対立と混乱の歳月に終止符が打たれた。

7年余の間に推進派の人々からさまざまな声を聞いた。「原発の良しあしの前に、自分の立場やしがらみがある」「いったん進めたものは進めるしかない」

だが東日本大震災以降、その多くは「巻に原発がなくてよかった」と転じた。

今、日本各地で原発再稼働の動きがある。田畑は思う。「ある地域で『原発は嫌だ』という住民が多数いるとする。どの地域でもそうであるとしたら、もはや国策としての限界を超えているのではないか」と。

民。われわれは判断材料を提供するという思いだった。だから一方の主張に偏らないように配慮した」という。

巻の人たちが住民投票で原発を拒んでから15年後。東京電力福島第1原発事故が発生した。かつて原発推進派の中心にいた元町議の山賀小七は生前、「想定外なんて言葉を使っちゃならんが、想定外だった」とショックを受けた。「今思えば、住民投票をやったのは、よかったのかもしれない」とも語っていた。

角海浜にある巻原発の旧計画地。今も活用策は決まっていない。

背信の連鎖

2002(平成14)年8月29日、原発への信頼を根底から揺さぶる不祥事が明らかになった。東京電力が1980年代から90年代にかけ、柏崎刈羽、福島第1、福島第2の3原発で、原子炉炉心隔壁(シュラウド)にひび割れがあるなどのトラブルを隠していたのだ。点検でトラブルを見つけながら、行政に報告せず、検査記録を改ざんし、そのまま運転を続けていた。立地地域への裏切りだった。

柏崎支局員の三浦穂積は9月1日付で本社への転勤が決まり、引っ越しの準備をしているさなかに、このニュースを聞いた。支局に赴任して2年、日常的に小さなトラブルを取材していた三浦は「東電も慎重にやっているのかとも思っていたが、はるかに重いトラブルを長い間隠していたことに驚いた」という。

原発の地元では怒りが広がった。反対派はもちろん、柏崎市長や刈羽村長をはじめこれまで原発を推進してきた人々の落胆と憤りも激しかった。

本紙は地元住民の声を紹介している。「住民をばかにしている」(60歳女性)「もうあんな会社に任せておけない」(71歳男性)「命に関わるのにトラブルを隠すなんて」(52歳女性)。

トラブル隠しの代償は高かった。東電は社長らトップが総退陣。柏崎刈羽3号機で進められていたプルサーマル計画について県と柏崎市、刈羽村は事前了解を撤回、計画は宙に浮いた。そして03年4月には東電の3原発全17基がすべて停止した。何よりも一番の損失は、これまで築き上げてきた地元との信頼関係を自ら壊したことだ。

不信の目は、国の安全管理にも向けられた。規制を担う経済産業省原子力安全・保安院は10年以上、東電の不正を見抜けなかったわけで、検査体制のもろさを露呈した。内部告発を受けてから公表まで2年もかかった上に、内部告発者の実名を東電に伝えていたことも判明。反対派からは「東電以上に国を信用しない」との声も聞かれるほどだった。

柏崎刈羽原発では毎年、トラブル隠しが発覚した8月29日に所員集会が開かれる。不祥事の再発防止を誓うためだ。東電はこの不祥事の後、原発内のトラブル情報を集め、その重大性を検討する「不適合管理委員会」をつくるなど、信頼回復に向けた取り組みを始めた。

変わらぬ体質

仲屋淳（報道部）

「自社の都合を優先して考え、行動してしまう体質がある」

東京電力柏崎刈羽原発の免震重要棟（免震棟）の耐震性不足を地元などに説明していなかった問題を巡り、東電が4月に公表した社内調査報告書の結論だ。

原発が立地する本県の住民を無視するかのような体質は、福島第1原発事故前から変わっていない。

柏崎支局員だった2002年（平成14）8月29日に発覚した「トラブル隠し」はその典型例だ。東電の原発では設備のひび割れなどのトラブルを自主点検で見つけながら、検査結果、修理記録の改ざんなどが行われていた。

トラブル隠しは東電による住民への背信行為だった。とりわけ、東電に協力してきた「原発推進派」への衝撃は大きかった。問題発覚後、東電は柏崎刈羽、福島第1、第2の全17基の運転を順次停止した。

トラブル隠しの取材で、ある電力業界関係者はこう語った。

「電気事業で一番大事なのは送配電だ。電気の供給は絶対に止められない。原発はしょせん発電施設だ。電力会社の経営で原発が占める比重は低い」

経営陣は原子力部門を放置した。その結果、経営の統制が及ばなくなった。

福島事故はその延長線上に起きた事故という見方もできる。原発の自然災害に対する備えが不十分だったことを、経営陣は放置していたからだ。

東電は福島事故後も、免震棟の耐震性不足という重要な情報を地元に伝えなかった。自ら信頼を損ねる行為を繰り返す企業に振り回され続ける県民は不幸だ。

しかし東電、原子力安全・保安院ともトラブル隠しを全く教訓にしていなかった。日本の原子力規制が骨抜きになっていたことが、福島第1原発事故を招くことになる。

国会事故調査委員会の報告書が指摘するように、東電は06年には福島第1原発を津波が襲った場合に全電源喪失に至ることなどを認識していながら対応を先延ばしにしていた。保安院もそれを見逃していた。報告書は「規制当局は電気事業者の『虜《とりこ》』となっていた」とし、事故は「明らかに人災」と指弾している。

17年2月、また東電の隠ぺい体質を象徴する事実が明らかになった。中越沖地震を教訓に、柏崎刈羽原発に設置された緊急時の拠点となるはずの免震重要棟が、耐震設計の目安となる揺れに耐えられないことが分かったのだ。

この解析結果を14年に把握していた東電は、3年近く公表しなかったのである。トラブル隠しから15年がたっても、東電への不信感は深まるばかりだ。

原発マネー

「本間さんが認めました」。取材班キャップの仲屋淳が興奮した声でデスクの三島亮に電話をかけてきたのは、２００７（平成19）年12月12日のことだった。

相手は、田中角栄元首相の地元筆頭秘書を務め「国家老」といわれた本間幸一（２０１１年に死去）。仲屋は、東京電力柏崎刈羽原発の建設用地の売却益約４億円が１９７１（昭和46）年、東京・目白の田中邸に現金で運ばれたことの裏付け取材を進めていた。

売却益は、田中の地元刈羽郡選出の県議だった男性が買収した土地を東電に売って得たものだ。男性は本間と２人で目白に運んだと話していた。翌72年には田中を首相に押し上げることになる自民党総裁選を控えていた。

30年以上沈黙を守り続けてきた本間が取材に対し「一緒に運んだのは事実」と初めて認めたのだった。

中越沖地震を受け取材班は通年企画「揺らぐ安全神話　柏崎刈羽原発」の第３部「なぜ未開の砂丘地に」を紙面で展開していた。本間が沈黙を破ったのは、ちょうど原発建設用地を巡る元県議の動きを検証した連載３回目の組み日だった。

仲屋のスクープは１面と社会面のトップを飾った。連載にも本間の話を入れた。原発建設用地の売却で得た多額の資金が、政界へ裏金として流れたことをうかがわせる証言だった。だが、本間は４億円の使途を明かすことはなかった。仲屋は言う。「最後まで諦めないことの大切さを実感した。ただ、なぜ認めたのかはいまも分からない」

東電は２００７年12月５日、中越沖地震からの復興支援として30億円の寄付を県に申し出た。未公表だった柏崎刈羽原発沖合にある活断層の存在を発表した日でもあった。12月25日には社長の勝俣恒久が県庁を訪ね、泉田裕彦知事に目録を渡した。

本間は「謝って金を払えばいいと東電に思わせてしまう。東電は大きくなりすぎて横暴になった」とし、県にも「県民の誇りが傷付けられかねない」と慎重な対応を求めたという。

田中は首相時代の１９７４年６月、原発立地自治体に多額の交付金を配分する「電源３法」を成立させ、原発推進の表舞台に立つ。内閣総辞職の半年前だった。

中越沖地震をきっかけに原発の「安全神話」を検証した取材班は、その後も毎年のように長期企画を続けてきた。新潟、福島の両県が首都圏の電源地として位置付けられてきた歴史的背景にも踏み込んできた。

疑問点を掘り下げる作業を繰り返す中で、課題として見えてきたのが原発「経済神話」の存在だ。それを徹底検証したのが通年企画「原発は必要か」（15年12月～16年６月）だ。公表されている行政機関などの集計データを活用し、比較、分析は専門家と共同で行った。その結果、原発の経済効果は根拠の乏しい「神話」にすぎない実態が浮かび上がった。全国の立地地域でも活用可能なモデルになり得る。

「原発は必要か」は16年度石橋湛山記念早稲田ジャーナリズム大賞公共奉仕部門奨励賞を受賞した。企画の総括責任者を務めた三島は「原発の『安全神話』は福島事故で崩壊したが、『経済神話』は生き続けていた。その検証は原発立地県の地元紙としてやらなければならない課題だった。客観的データを活用しており、説得力があると思う」と語った。

第4章　拉致　——めぐみを返して

2002（平成14）年、日本人拉致を北朝鮮の金正日総書記が認め、日本中が驚き、憤った。1977（昭和52）年に新潟市で行方不明になった横田めぐみさん＝失踪当時（13）＝、78年に消息を絶った柏崎市の蓮池薫＝同（20）＝、祐木子＝同（21）＝夫妻、佐渡市の曽我ミヨシ＝同（46）＝、ひとみ＝同（19）＝親子が、本県から「北」に連れ去られた。本紙は地元メディアとして事件を検証、被害者・家族らの思いを伝え、早期解決を訴える。

署名活動をする横田夫妻（1997年4月、新潟市中央区古町十字路）

衝撃の9・17

2002（平成14）年9月17日。本紙は歴史が動く瞬間を見詰めた。

拉致被害者家族たちは午前に衆院第1議員会館に集まり、日朝首脳会談の行方を見守っていた。「横田めぐみさんは生存らしい」。張り詰めた空気の中、願望含みのうわさが政治家や記者の間でまことしやかにささやかれていた。

午後2時ごろ、急きょ家族は政府から飯倉公館に呼び寄せられた。「いよいよ全てが明らかになる」。日本中の視線が集まり、緊張は頂点に達していた。

だが夕刻、期待は打ち砕かれた。テレビに「5人生存、8人死亡」のテロップが流れた。

午後5時半、公館の玄関がすーっと開き、泣きはらす父、うつむく母…家族が無言でバスに乗り込む。小雨にぬれたバスの窓が家族の心を映し出していた。

午後6時すぎ、議員会館に戻った家族の共同会見。「死亡」とされためぐみさんの父滋は「残念な結果でした」とせき込みながら話し、蓮池薫ら生存者の家族には「遠慮なさらずに喜んでいただきたい」と気遣った。

母早紀江がマイクを握った。「苦しみ、亡くなったかもしれない若者たちの心のうちを思ってください。大きな政治の大変な問題であることを暴露しました。日本にも北朝鮮にとっても大事なことです。そのようなことのためにめぐみは犠牲になり使命を果たしたのではないかと信じています」

取材した東京支社の原崇は「『いっときの感傷で終わらさず、きちんと伝え続けて』という叫びにも感じ、背筋を伸ばした。この訴えこそが歴史を動かした」と語る。

長年日本の政治家や本紙も含めたマスコミの多くは北朝鮮に対し及び腰で、拉致も「疑惑」扱いだった。だが娘の生存を信じる母の一念が、日朝の重い扉をこじ開けた—。

「9・17」は「終結」ではなく、全ての「始まり」の日となった。翌日以降「死亡」発表の矛盾点が次々と浮上した。10月15日には曽我ひとみら被害者5人が帰国。政府は5人を北に戻さず、残る家族を呼び寄せる方針を決めた。

政府から「横田めぐみさん死亡」の説明を受けた後、会見で「頑張っていきたい」と話す母早紀江とこらえきれず涙する父滋（2002年９月17日、東京・永田町の衆院第１議員会館）

膠着《こうちゃく》状態が続く中、本紙は、拉致と同様にタブー視されていた北朝鮮の貨客船・万景峰号の検証を始めた。03年2月の連載「ひび割れたパイプ　疑惑の万景峰号」は「友好の船」の宣伝とは裏腹に、工作指令拠点でもあった側面を指摘した。一方、帰国事業で「北」に渡って厳しい貧困にさらされた人々が人質にされ、船で仕送りを続ける在日家族の苦悩も報じた。

連載を企画した報道部の馬場幸夫は「愛と憎しみの二つを運ぶ船だった。日朝の過去から現在に至る関係の象徴のように感じた」と言う。

「謎の国」とされてきた北朝鮮が「9・17」でベールをはがされて以降、一部マスコミの興味本意な報道が流れ、在日や朝鮮半島の人々に差別的言動をする人も出てきた。だが本紙は一線を画し、証言に基づき真摯《しんし》に向き合う決意を固めた。

03年11月からの通年企画「拉致・北朝鮮」を立ち上げた原点について、報道部の取材班代表高橋正秀は語る。「拉致被害者と家族、帰国事業で渡った人々と在日家族、北朝鮮民衆…全てが独裁国家の犠牲者だ。この視点を基に、民族を分断するようなキャンペーンにならないようにし、被害者に寄り添い、徹底的に生の訴えと向き合った」

拉致の原点・めぐみさん

1977（昭和52）年11月15日、新潟市で13歳の少女が突然、消息を絶った。寄居中1年だった横田めぐみさんだ。午後6時半ごろ、バドミントン部の練習を終えて帰宅途中、学校から約200メートル海岸寄りの交差点で友人と別れたのが最後の姿となった。

午後10時ごろ、母早紀江から届け出を受けて新潟中央署は誘拐などを念頭に捜査を始め、大規模な捜索を行ったが、手掛かりは得られなかった。

行方不明の一報は1週間後、22日の本紙に「女子中学生帰らず」の見出しで載った。書いたのは入社4年目の司法担当小田敏三（現社長）だった。

小田の初動は早かった。16日早朝、県警関係者から電話があり、「中央署管内で誘拐らしい」と聞いて署に駆け付けた。捜査員が慌ただしく出入りし、誰も何も話してくれなかった。捜査員の後を追うと、めぐみさんのにおいを追跡する警察犬が自宅近くの交差点で止まり、くるくると回って「現場」を示していた。

小田は目撃者の記憶が薄れることを懸念し、早期の公開捜査を訴えた。だが中央署は「めぐみさんが万が一死んだら、責任を取れるのか」と慎重だった。捜査員の一人は「書いたら輪転機に砂をぶちまける」と言った。他社の記者と「1週間経過したら記事にする」と通告し、中央署は最終的に家族の要請を受ける形で公開した。

中学校の満開の桜の横に立つ横田めぐみさん。父滋が入学を記念し撮影した。約半年後の帰宅途中、北朝鮮に拉致された（1977年4月、新潟市中央区の寄居中）

めぐみさんの消息は約20年後、思わぬ形でもたらされた。朝日放送プロデューサーの石高健次が月刊誌「現代コリア」の96年10月号に発表した論文で、日本の海岸から少女が北朝鮮に拉致されたと言及。「恐らく76年のこと」「学校のクラブ活動だったバドミントンの練習を終えて帰宅の途中だった」など、めぐみさんと類似する点があった。

96年（平成8）末、長岡市出身で現代コリア研究所の所長佐藤勝巳が新潟市で講演し、終了後の懇親会で論文を紹介したところ、県警関係者から「それはめぐみちゃんだ」と驚きの声が上がった。

講演会を主催した新潟市の小島晴則は、小田が書いた本紙記事を探し当てた。それを基に国会議員秘書がめぐみさんの父滋の所在を突き止め、問い合わせた。石高論文の内容を聞いた滋は「めぐみに間違いないと思います」と涙ぐんだ。

97年2月3日、めぐみさんの拉致が一部メディアで実名報道され、国会でも取り上げられた。翌4日の本紙は、衆院議員西村真悟が雑誌や本紙の記事を引用し質問した、と拉致の疑いがあることを報じた。「本当であっても手放しで喜べない。重苦しい思いだ」という早紀江の複雑な心境を匿名で伝えた。

めぐみさん拉致の表面化をきっかけに、新潟市では救出運動が動きだした。小島が後に全国組織となる「救う会」の母体「横田めぐみさん拉致究明救出発起人会」を立ち上げ、4月に滋、早紀江夫妻を迎えて同市の古町十字路で最初の署名活動を行った。

あられの降る寒い日だったが、多くの人が応じた。「驚いた。娘を奪われた両親の悲しみ、怒りが新潟の人に伝わった」と小島。2日で3千人分が集まった。めぐみさんの新潟小学校時代の校長、馬場吉衛が加わるなど運動は広がり、全国へ波及していった。

涙が出るほどありがたい

横田早紀江（拉致被害者横田めぐみさん母）

１９７７（昭和52）年11月15日にめぐみが拉致されて以降、身が引き裂かれるような日々でした。捜して歩いた浜辺、鉛色の鉄板のような新潟の海…。今でも、申し訳ありませんが、大嫌いです。

ただ、ずっと支えてきてくれたのも新潟の県民です。そして県民を下支えしている新潟日報さんの長きにわたる取り組みには感謝の念しかありません。

２００２（平成14）年9月17日に北朝鮮が拉致を認めると、全国、世界のマスコミの方々が連日押し寄せてきました。私ども家族はごく普通の市民ですから、めぐみへの思いを取材や講演で語ることで、一人でも多くの方に拉致のむごさを知っていただくことしかできません。

あれから15年。安否不明者と特定失踪者に関しては進展がないままです。多くのマスコミは何か動きがあった時だけ思い出したように訪ねてきます。それは仕方がないことだと頭では理解しているのですが、内心「動きがないときこそ、ちゃんと拉致のむごさを伝えてよ」と叫びたくなります。風化が怖いのです。

そんな中、動きがないときでも日報さんは気にかけてくださいました。他社は頻繁に担当者が代わり、その都度ゼロから信頼関係を築き直さねばならず、時々むなしくなります。でも日報さんはずっと寄り添い、記事を書き続けてくれている記者さんがいます。涙が出るほどありがたいことです。

日報さんは「拉致を忘れさせない」と毎年11月にシンポジウムを開催してくださり、紙面では「祈り」のワッペンを作り、折々に多角的に報じてくれています。めぐみが帰国した晩には、新潟へ一緒に行き、県民の方々にお礼を言いたいです。どうかこれからもよろしくお願い申し上げます。

小田は「失踪」が「拉致」に変わるまで20年近くを費やしたことに「新聞記者としての無力さを、心の底から感じた」と振り返る。そのとき「記者として何ができるか」と考えたことが、現在の本社の取り組みにつながっている。

暗転の5・22

2003（平成15）年11月に開始した通年企画「拉致・北朝鮮」。新潟市で拉致された横田めぐみさんを皮切りに、柏崎市の蓮池薫・祐木子夫妻、佐渡市の曽我ミヨシ・ひとみ親子と、まず県内3家族の苦闘と事件の背景の検証を重ねた。

取材班は県内にとどまらず、福井、兵庫、鹿児島などの関係者、平壌、ソウル、ジャカルタなど海外へ足を運んだ。報道部の取材班キャップ大塚清一郎は「拉致の象徴のめぐみさんを抱える新潟だからこそ深く問題を掘り下げる必要がある。県の枠を超えなければ責任を果たせない」と語った。

「9・17」後、めぐみさんら安否不明者や、拉致の可能性を排除できない特定失踪者の問題は進展していなかった。帰国した被害者はまだ子どもや夫が北朝鮮にいて、心の底からの安らぎはないままだった。連載「拉致」はそんな膠着《こうちゃく》状態の中、回を重ねた。

04年5月22日、電撃的に小泉純一郎首相が再び訪朝した。「最強カードを切るからには何かやってくれるのか」「幕引きにされるのでは…」。めぐみさんの父滋と母早紀江らは期待と不安を交錯させた。

北朝鮮に同行した原崇は現地で会談の行方を待った。「12時35分、会談終了。中断ではありません」。想定外の早さだ。終了の報は日本で待つ家族にもほぼ同時に伝えられた。「胸騒ぎがした」と早紀江。

小泉の会見。拉致被害者の子ども5人が日本へ向かうとの発表はあったが、安否不明者と特定失踪者の新情報はなし。原は「子どもの帰国に安堵《あんど》したが心は晴れなかった」と明かす。

直ちに帰国した小泉は安否不明者家族らの待つホテルへ直行し面会した。家族は「最悪の結果」と悲痛な思いを吐露し、首相を批判した。

翌23日、新潟市で開かれた本社主催のシンポジウムで温かい拍手に包まれた滋と早紀江は「わずかに癒やされた」と言うが、川崎市の自宅に戻り再び落胆した。「首相へのねぎらいがない」。心ない批判のファクスが自宅や支援団体に多数届いていた。早紀江はショックで数日、声が出なくなった。

同年11月、平壌の日朝実務者協議で日本側担当者は「めぐみさんの遺骨」といわれた骨を受け取り、帰国後、横田家に渡した。

骨の入った箱を見た際は「どうせあの国のことだからと動揺はそれほどでもなかった」と弟拓也。だが本当の衝撃は次の瞬間だった。

差し出された3枚の写真。弟哲也によると、2枚は「われわれが見たことがない大人のめぐみ」だったが、残る1枚は、拉致直後の撮影とみられる白いブラウス姿のめぐみさんだった。「なんというさびしい顔。こんなところにいたのね」。早紀江が指で写真をさすると、家族全員で号泣した。「絶対に生きていると信じているのだけど、涙が止まらなかった」と待ち続けた母は振り返る。その後、遺骨は鑑定の結果「偽物」と判明した。

約10年後の14年3月。横田夫妻はめぐみさんの娘キム・ウンギョンとその子らにモンゴルで面会した。だが、めぐみさん本人との再会は今も果たせない。

めぐみさんの友人の母で早紀江の親友、真保節子（千葉市）は代弁する。「近年は首都圏では拉致の署名活動に知らん顔の人が増えた。何も動きがないときでも国家犯罪の非情さを伝え、世論の風化を防いでほしい。そこを日報さんに期待している」。早紀江と共に再会を神に祈る。

世代交代の家族会

横田めぐみさんの行方不明から20年後の1997（平成9）年3月25日、めぐみさんの「拉致疑惑」報道を契機に、救出を訴える被害者家族による「北朝鮮による拉致被害者家族連絡会」（家族会）が発足した。

「救出求め『連絡会』　拉致疑惑の家族ら結成」との見出しで報じた本紙は、この日から被害者家族会や後に発足する支援組織「救う会」の活動を伝え、世論喚起につなげる。

そのとき集まったのは7家族12人。めぐみさんの父滋と母早紀江、柏崎市の蓮池薫の父秀量と母ハツイらが顔をそろえた。

初代代表には親世代で最も若かった滋が就いた。滋は当時64歳、早紀江は61歳。会の結成とともに2人は被害者家族の象徴的な存在として国内外を飛び回り、拉致の現状を訴え続けた。

各地で行った講演活動は1400回を超えた。早紀江は今、「（失踪から）40年がたっても何も動かない。不思議でならない」と心情を吐露する。

2002年、日朝首脳会談で総書記の金正日が拉致を認めて謝罪し、5人の拉致被害者が帰国した。拉致が現実のものとして国民の目に映り、世論は盛り上がりをみせたが、政府認定の拉致被害者17人のうち、めぐみさんら12人はいまだ安否不明のままだ。

家族会は17年3月、結成20年を迎えた。「この年月の重みを伝えなければならない」─。東京支社の小池大は結成20年の会見や集会で家族の声に耳を凝らした。

「この先25年、30年の節目はあり得ない」「めぐみは『お母さん助けて』と今日も叫び続けている」。家族会は高齢化を背景に早期解決を求める声を強めている。

「家族はやるべきことを全てやってきた。その結果、親世代は命をすり減らし、疲れ果てている」。「救う会」会長、西岡力の言葉が全てを物語る。「今年が限界」という家族の悲痛な叫びを小池は心に刻んだ。

活動の長期化とともに会の中心は、被害者の親から兄弟の世代に代わった。滋は体調面を理由に07年、10年間務めた代表を退任。後を継いだのは被害者田口八重子＝失踪当時（22）＝の兄飯塚繁雄だ。

近年はめぐみさんの弟拓也や哲也ら40歳代が運動を支える。飯塚耕一郎に至っては田口の長男、ついに子どもの世代にまで及んだ。

拓也と耕一郎は16年5月、拉致問題担当相の加藤勝信に同行し渡米。国際シンポジウムで、拉致という人権侵害の非情さを伝えた。

哲也も同年11月、北朝鮮の人権問題を担当する国連の特別報告者と内閣府で面会し、拉致解決に向けた協力要請の先頭に立った。政府と共に、国連など国際社会への働き掛けを強める。

一方、家族の願いとは裏腹に、北朝鮮は挑発行為を繰り返す。16年には2回の核実験と23発の弾道ミサイル発射を強行した。17年はさらに挑発をエスカレートさせ、拉致問題をめぐる日朝交渉は行き詰まりをみせる。

家族は「核やミサイルの暴風で拉致解決の旗が飛ばされかねない」との懸念を強め、日本政府に対し、拉致問題に最優先で取り組むよう求める。

めぐみさんの拉致から40年、家族会発足から20年。共に闘ってきた家族の中には再会を果たせずに他界した人もいる。「横田滋も80歳を超えた。残酷な時間の進行がある」と拓也。両親に一目でも会わせてあげたいという強い思いが込められていた。

帰国者の活動と葛藤

インドネシア・ジャカルタには、南国特有の暖かい風が吹いていた。2004(平成16)年7月9日、佐渡市の曽我ひとみはこの第三国で、北朝鮮に残っていた夫ジェンキンス、長女美花、次女ブリンダと1年9カ月ぶりの再会を果たした。

ひとみが空港で3人を出迎えた場面を、同行取材した報道部の後藤貴宏は見ていない。代表取材の上、直前に警備上の理由でカメラの持ち込みが制限された。付き添いの外務省職員が機転を利かせテレビ局の小型カメラを借り、キスシーンを撮影、その映像がメディアを通して世界に発信された。

後藤は一家の宿泊先であるホテルのロビーで、その職員から説明を受けた。タラップを下りてくるジェンキンスとぶつかり合うようにキスし「ごめんね」と、ひとみ。娘2人はこらえきれない涙をハンカチで拭き、「お母さん」と呼び掛けた―。濃密な家族の絆に目頭が熱くなり、そのまま記事にした。

ひとみは1週間余りの滞在で3人を説得し、一家で帰国・来日を果たしたが、それまでは孤独だった。柏崎市の蓮池薫と祐木子、福井県小浜市の地村保志と富貴恵が夫婦で帰国したのに対し、ひとみは1人だけ。佐渡で暮らしていると思っていた母ミヨシもいなかった。普段は強く主張しない性格だが、「家族をバラバラにしたのは誰ですか」と政府を批判したこともあった。

同年5月22日の2回目の日朝首脳会談で、蓮池、地村両夫妻の子どもの帰国が実現した際も、元米兵の夫は処遇問題が絡み、来日が見送られた。首脳会談後に都内のホテルで開かれた被害者5人の会見は明暗が分かれ、祐木子は「たまんない気持ち。頑張って」と、ひとみを気遣った。

蓮池夫妻を取材した柏崎支局の本多茜は会見に出席しながら、家族の絆の大切さを改めてかみしめていた。

過熱取材の防止に配慮を求められていた経緯から、夫妻の直接取材は限られ、薫の親族や同級生らが代わりに応じていた。だからこそ、首脳会談の開催決定を受け、薫が初めて見せた「お父さんの顔」が忘れられなかった。

子どもたちに向け「おやじやおふくろを信じろ。一緒にやっていこう」と呼び掛けた言葉に、家族は自分が守るという父親の決意がにじんでいた。ひとみに対する気遣いは、家族を引き裂かれた経験のある者にしかできないと感じた。

家族の帰国を機に5人は自立の道を本格的に歩み始めるとともに、まだ北朝鮮に残る被害者のため救出活動に力を入れる。

薫は柏崎市の新潟産業大准教授として教壇に立つ傍ら、著書の執筆や講演活動で全国を回る。自分はなぜ拉致されたのか、なぜ帰国できたのかといった考えを整理するのに6、7年かかったが、意を決したように積極的に講演を引き受けている。

ひとみは佐渡島内を中心に署名活動を行い、小学校に出向いて講演する。「皆さんにとっては、おとぎ話のようなことかもしれない。でも、これは現実に起きたことなのです」と拉致の悲惨さや、家族の大切さを訴えている。

17年3月に薫をインタビューした報道部の横山志保は、取材に応じた真意を「拉致問題を何とかしなくては、という思いが募った末の決断」と受け止めた。「北朝鮮に残る被害者が精神的に持たないという、差し迫った状況が伝わってきた」と話す。

協会賞と県民集会

「拉致問題に関わった人々の解決を願う気持ちを深く丁寧に報道し、改めて事件の非情さを認識させ、政府の対応を促したのは高く評価される」

２００４（平成16）年9月1日、前年11月から展開した通年企画「拉致・北朝鮮」が新聞協会賞に選ばれた。取材班キャップの大塚清一郎は1年前を思い、心底うれしかった。

連載は逆境からのスタートだった。「日報さん、これまで何をしていたの」。取材班代表の高橋正秀と大塚は、協力要請に行ったある拉致被害者関係者から詰問調で言われた。

横田めぐみさん行方不明は早く記事にしたが、蓮池薫、祐木子ら3組のアベック行方不明と北朝鮮関与の報道は他社に先んじられた。

02年9月の小泉訪朝で金正日総書記が拉致を認めるまで「疑惑」の段階を乗り越えられなかった。地元紙としてじくじたる思いがあった。

加えて被害者の直接取材は困難だった。全国紙と比べ海外や中央官庁に常駐記者がいないハンディもあった。

唯一の武器は高橋と大塚を除くと、入社3、4年、平均年齢20代後半という若い10人の取材班の行動力だった。拉致問題が動く中、関係者の取材を丹念に重ねた。家族や友人を通じ被害者の心情を伝えた。

82回の連載と5回の特集で、事件の真相に迫り、解決への道筋を探った。派手なスクープはないが地道に掘り起こす作業に徹した。

「よく証言を引っ張り出した。信頼関係の強さは感動に近い」「キャンペーンがなければ小泉首相が再訪朝に動いたかどうか」。協会賞選評の高い評価は記者たちを奮い立たせた。

取材対象者の声にも励まされた。めぐみさんの父滋は「私どもが初めて知ったことも多く、よくここまで取材したと敬意を表します」と話した。曽我ひとみは友人に「早く新聞読んで」と催促したこともあるという。いくらかでも気持ちを伝えることができた証しだろうか。

読者から多くの手紙やファクスが寄せられた。「今まで新聞は読まなかったけど真っ先に読みます」「涙なくして読めない」「解決の日まで頑張って」。10代の若い読者の反響が目立った。報道部の荒木崇は「手応えとやりがいを実感した」と振り返った。

社の強い決意感じた

伊豆見元（東京国際大学教授、本社特別編集委員）

小泉訪朝1年後の2003（平成15）年の秋に新潟日報社から声が掛かり、特別編集委員という形で北朝鮮報道に加わらせていただいた。新潟日報は拉致問題を改めて取り上げて、解決の道を探る、横田めぐみさんら拉致被害者を救出する、そこに資する報道をすると聞き、社として相当強い決意だと感じ、喜んで就任した。

新潟日報の拉致問題の報道は懇切丁寧だ。拉致問題の「もどかしさ」を読者に感じさせる紙面といえる。拉致問題は単純明快でなく複雑で難しい。被害者救出のため交渉で結果を出すには取引をしなければならない。あの北朝鮮と取引をすることはつらいし不愉快だ。でもそれが必要だと申し上げるしかない。この意見は報道を通じて読者に理解されていると思う。

04年5月のシンポジウムをはじめ、毎年の県民集会に参加している。新聞社が主導し後から県や市を巻き込んだのはすごい。本当の意味での県民集会だ。来場者が多く、県民が拉致問題を身近に考えていると感じる。

当初の意気込み通り、04年度の新聞協会賞を受けたのは良かった。証言編と検証編で事件を丹念に掘り起こし、解決には何が必要かを探るという手法が全国に広がった。出版にもつながった。地方紙でありながら県民読者にとどまらず全国に発信ができたインパクトは大きい。

あれから14年、拉致問題を解決するためにはどんな方法があるのか、もっと包括的に検討してみる必要がある。みんなで知恵を絞りたい。

「記事だけでなくシンポジウムも開こう。記者の手作りでやろう」。編集局次長の小田敏三（現社長）の提案だった。紙面を飛び出し、イベントを通じて来場者に訴える初の取り組みに挑んだ。連載中の04年5月23日、伊豆見元、重村智計、李英和ら著名な北朝鮮研究者が新潟市に集まり、情勢分析や提言を行った。横田滋、早紀江夫妻の訴えに満員の１５００人が涙を流し、解決への思いを新たにした。このシンポジウムの開催や熊本日日新聞が記事を転載したことも選考で評価された。編集局長の高橋道映（前社長）は受賞に際し「全面解決まで県民の思いを活字に託し、『愚直な旗』を掲げ続けたい」と宣言した。

翌05年の11月15日、めぐみさんが拉致された日を忘れまいと始めた「拉致県民集会」はもう12回を数えた。通年企画は講談社から『祈り　北朝鮮・拉致の真相』として出版され、17年11月には新潟日報事業社から復刻版が出る。

担当記者の中心は後藤貴宏、原崇らから若い世代に移ったが、思いは変わらない。「早くめぐみさんたちの帰国を祝う会をしたい」。旗はまだ降ろせないままだ。

変わらぬ決意

「拉致問題を風化させてはいけない」「一刻も早く被害者全員の帰国を」――。

本紙は、横田めぐみさんの拉致から39年となる２０１６（平成28）年11月15日、12年続く「拉致県民集会」を新潟市中央区で開いた。

会場には曽我ひとみや新潟市西蒲区出身の特定失踪者大沢孝司＝失踪当時（27）＝の兄昭一、長岡市の中村三奈子＝同（18）＝の母クニらが駆け付けた。

しかし、めぐみさんの父滋と母早紀江は来られなかった。住まいの川崎市と会場を中継映像で結んだ。高齢による体調を考慮した結果だった。

「新潟市から…、めぐみたちのような…、大勢の方が駆け付けてくださり…、非常にありがたいと思っています」

２年ぶりに拉致県民集会で登壇した横田めぐみさんの父滋と母早紀江。弟哲也が滋の体調を気遣い、手を添えた（2015年11月15日、新潟市中央区の市民芸術文化会館）

事前に準備したメモ書きに目もくれず、必死に自分の思いを伝えようと声を絞り出す滋。隣で心配そうに見つめる早紀江。その姿を、会場を埋めた約650人がスクリーン越しに見つめた。

やや早口で語る姿が印象的だった滋はここ数年、言葉が続かず、言いたいことを伝えることができなくなっている。

横田夫妻の傍らで見守った東京支社の小池大には葛藤もあった。「このような滋さんの姿を県民に見せるのが本当にいいことなのだろうか」と。

集会を伝える後日の特集面に、「滋さんの姿には涙

高齢化「厳しい現実」

高橋正秀（取締役編集統括本部長）

「新潟の海は、申し訳ないけど、今も大嫌い」。２００３（平成15）年11月15日の本紙1面トップ、通年企画「拉致・北朝鮮」は冒頭から拉致被害者横田めぐみさんの母早紀江さんの重い証言で始まった。企画は、熊本日日新聞にも転載され、04年度の新聞協会賞に選ばれた。

受賞を契機に翌年から毎年11月15日、新潟市で「忘れるな拉致　県民集会」を開催。当時中学1年生のめぐみさんが、１９７７（昭和52）年に新潟市で拉致された悪夢の「11月15日」にこだわり、今年で13回目を迎える。

県民集会の原点は、小泉純一郎首相が再訪朝し、拉致被害者の子ども5人の帰国から一夜明けた04年5月23日、同市で開かれた本社主催の「拉致・北朝鮮を考える県民シンポジウム」。早紀江さんと滋さん夫妻が出席、「命がけで国が動かないと、被害者全員を取り返せない」と涙で訴えた。

連載後も本紙は、集会と併せ、早紀江さん揮《き》毫《ごう》の「祈り」というカットを使って随時、拉致問題を風化させないキャンペーンを展開しているが、歳月は残酷だ。

横田夫妻がともに80歳を超えた16年は、集会参加を見送り、川崎市から中継で声を振り絞った。弟の哲也さんは「ご覧のように父は話すことが思うようにいかない。これが現実だ。被害者や家族も高齢化し、時間がない」と語気を強めた。

本社単独主催だった集会は後に県、新潟市も加わり、夫妻が初めて欠席したこの年、危機感から県内民放4局、全国紙も後援に加わり、マスコミ連携の枠を広げた。「全員が帰ってくるまで絶対に諦めない」。家族の悲痛な叫びを聞きながら、「帰国を祝う会」実現を祈った。

が止まらなかった。どれほどの苦痛、ストレス、怒りの時間を過ごしてきたのでしょう」とする来場者のメッセージが載った。「高齢化する家族の現実を伝えることが、拉致を風化させず、世論に訴える力になる」。小池は確信した。

被害者家族の高齢化は著しい。滋は週に2回、リハビリに通い、集会などへの参加を控える。滋の体調を気に掛ける早紀江も「体が痛む」「疲れやすくなった」とこぼすようになった。

それでも早紀江はめぐみさんとの再会を信じ、気力と体力を振り絞る。「(私たちも)いつかは天に召されるが『めぐみちゃんに会うまでは頑張らせてください』と神様にお願いしている」と語る早紀江。そんな早紀江の姿を目にするにつれ、小池は、一刻も早く真の笑顔を取り戻してほしいという願いを募らせる。

拉致された時、中学1年生だっためぐみさんは53歳になった。時間の経過は拉致被害者や家族の高齢化とともに、拉致の事実を知らない世代も生んだ。「風化」の懸念がつきまとう。拉致被害者家族会は進展のない現状にいら立ちをみせ、17年の運動方針では「政府は拉致問題を最優先とし、今年中にすべての被害者を救出せよ」と初めて解決の期限を区切った。不退転の決意を政府にぶつけた。

本紙は外交問題と化した拉致の根深さに直面しながらも、早紀江直筆の「祈り」のワッペンを掲げ、被害者家族に寄り添い続けてきた。

「ご自身の息子や娘が拉致されたらどんな思いか、皆さんにも考えてほしい」。こう訴え続ける早紀江の叫びを記者たちは片時も忘れない。

ある日突然、平和な日常を、未来を奪った非道な国家犯罪への怒りを原動力に、今なお海を隔てた異国に閉じ込められている被害者を一刻も早く救い出さねばならない。この決意は変わらない。本紙の使命だ。

第5章　災害 ――復興へ　不屈の魂

美しい四季と、豊かな自然は本県に多大な恵みをもたらしている。その半面で県民はあらゆる自然災害に苦しめられてもきた。多くの命が一瞬のうちに失われる不条理。本紙は被災された人々の悲しみに寄り添い、不屈に立ち上がる人々と共に歩んだ。より強く、人に優しい県土へ――。先人たちの苦闘が新潟の姿を変えていった。

新潟地震で落下した昭和大橋と黒煙を上げる石油タンク（1964年6月16日、共同通信特別機から）

雪は宿命にあらず

1963（昭和38）年1月23日、夜半から降り続いた雪は、やむ気配を見せなかった。多い日には1メートルを超す降雪が続き、長岡、見附、三条、吉田などの平場と呼ばれる里でさえ積雪は4メートルに達していた。

上野行き急行「越路」が100時間にわたって立ち往生するなど鉄道、道路は1カ月近くもストップ。物流は滞り、生活必需品や生鮮品も途絶えた。繊維など地場産業は出荷不能に陥り、地域経済も機能不全となった。全てが雪に埋まった。

新聞製作の現場も例外ではない。陸路が開けず、上越方面への朝刊は初めて海上輸送された。本紙夕刊を印刷していた長岡へも、紙面製作に欠かせない紙製の鋳型「紙型《しけい》」を本社から鉄道輸送できなくなった。

報道部の山田一介はスキーができるという理由で、紙型を長岡へ運ぶよう命じられた。実際はスキーを履くことはなく、途中までは四輪駆動車で行けたのだが、白根市（現新潟市南区）新飯田から先へは進めなくなった。国道でさえ道幅は広くない時代。そこに家をつぶすまいと下ろされた屋根雪が積み上がり、道をふさいだ。

山田がひたすら雪をこざいて歩いていると、一筋の踏み跡にぶつかった。警察官に付き添われ、紙幣を運ぶ日本銀行の歩荷《ぼっか》隊が前方にいた。「彼らがいなければどうなっていたのか。あの雪の中で、お札の言いようもないほど助かった」

雪国はこの大雪を宿命として耐えるしかないのか―。そうではないはずだと、本紙は雪害克服のキャンペーンに乗り出す。

2月11日の朝刊には社長の西村二郎と知事の塚田十一郎の対談が掲載された。「雪害の克服なくして県民生活の向上はないという観点から、雪が消えても息長くこの問題に取り組んでいく」と覚悟がつづられた。

下ろした屋根雪が積み上がり、道路の積雪が2階の屋根と同じ高さになった三条市内。交通も物流もすべてが止まった（1963年1月）

44回に及ぶ連載「カルテ・明るい冬」では、大雪のメカニズムや気象予報の精度、国鉄問題、道路行政、市民生活、都市化と幅広いテーマを掘り下げた。なぜ雪国の住民が苦しまなければならないのか、根本から問いかけた。

県政担当で道路分野を取材した白川政雄は言う。「新潟は県土が広く道路延長は長いが財政力が弱かった。補助金行政に伴う地元負担がのしかかり一向に整備が進まない。インフラ後進県にならざるを得なかった」。雪害の実態を中央省庁は理解せず、「大雪が降っても除雪のための補助金なんか追加しない。雪消えを待つような行政だった」

潮目は建設相、河野一郎の視察で変わった。国費での除雪を要請された河野が一言、「しょうがあんめえなぁ」と発したことで全てが動きだす。白川も「大臣が帰った翌日、いきなり除雪機械が県に届いたのにはびっくりした」と証言する。道路除雪元年となった瞬間だった。

キャンペーンは道路の構造上の問題なども指摘した。県が進めていた総合開発とも絡め、道路舗装の促進や雪国に適した道路幅への改修などを提言。本にまとめ出版すると、県や出先機関の役人に重宝がられた。雪国の課題を中央省庁の官僚に説明するのに最適だったのだという。

県民を苦しめた豪雪はやがて、道路法改正へつながり、都市部の渋滞緩和策、高規格道路など、雪国にとどまらず全国の道路施策にも影響していった。

猛スピードの白魔

集落は一面の雪原と化した。暗闇の中から聞こえる「助けて…」の声を頼りに、必死の救出が続いた。

１９８６（昭和61）年1月26日午後11時すぎ。能生町（現糸魚川市）の権現岳（１１０４メートル）の中腹で発生した雪崩は斜面を2キロも走り、山裾にある柵口《ませぐち》集落をのみ込んだ。11世帯の36人が雪の下敷きになり、13人が亡くなった。

発生から20分後、糸魚川支局長、高杉幹夫宅の電話が鳴った。「柵口が大変だ。雪崩だ」。糸魚川署からの一報だった。

雪崩や土砂崩れの記事を何本となく書いてきた高杉は、にわかには信じられない思いで聞いた。「雪崩はスキー場や山で起きるものと思っていた。人家を襲うなんて、聞いたことがない」。それもなぜ権現岳の雪が柵口にまで届くのか。不思議で仕方なかった。

高杉は支局員の渡辺雅明を糸魚川署へ走らせる。だがこの年の豪雪は、普段は積雪の少ない糸魚川の街にも容赦なく積もり、渡辺の車も数日来の大雪で埋まっていた。タクシーの運転手に「できるだけ現場近くまで」と頼み込むと、渡辺は現地へ向かった。

一夜明けた27日の夕刊は2階がもぎ取られ屋根まで雪に埋まった民家や、こたつに入ったままの姿で掘り出された住民の写真が、雪崩の威力を伝えていた。渡辺は近くの民宿に1カ月にわたって滞在し、住民に寄り添う取材が始まった。

犠牲になったのは出稼ぎに行った夫に代わって家を守る妻や子、年老いた親たちだった。男たちは出稼ぎ先の名古屋から一睡もせずに車を飛ばして柵口へ戻ると、変わり果てた家族の姿に号泣した。

死者13人という規模は、柵口雪崩の30年近く前、57年4月12日に津南町樽田で19人が亡くなって以来の被害だった。

それだけの災害に遭い、家を失いながらも、柵口の住民は「またここに住まわせてもらいたい。これほどいいところはない」と口にした。だが1年後に掲載した連載「大雪崩が残したもの」は、

なぜ雪国の人間だけが

渡辺雅明（元新潟日報記者）

「なぜ雪国の人間だけが毎年こうも悲しい場面に遭わなければいけないのか」

1986（昭和61）年1月26日深夜、能生町柵口（現糸魚川市）で大規模表層雪崩が発生、寝入りばなを襲われた13人が亡くなる大災害となった。

入社4年目の糸魚川支局員だった。一晩かけて取材した第一報の書き出しは今も忘れられない。前年には青海町（同）で融雪水による土砂崩れで住民10人が死亡。毎年豪雪が続いていた。いつまでも雪が降りやまない空を見上げ、怒りのような感情が湧き上がった。

現場近くの民宿に1カ月居候して地域が立ち直るさまを紙面で追った。雪崩後も降雪は続き、最大積雪深6㍍に達した。下越育ちの身には想像を超える豪雪だった。地元の人たちは悲しみに耐えながら黙々と白魔と闘っていた。

地球温暖化の影響なのだろうか。その後、県内で大きな雪害は起きていない。スノーシェッドなどの整備が格段に進んだせいもあるかもしれない。

2016（平成28）年1月、中越地方を局地的な豪雪が襲い、国道などで大渋滞が発生、多くのドライバーが車内に閉じ込められた。「雪に強いはずなのに」という嘆き、憤りが聞こえてきた。行政機関は平謝りするしかなかった。少雪に慣れきった住民にとって豪雪はもはや耐える対象ではないのかもしれない。

田中元首相ではないけれど、「三国山脈なかりせば」との思いを抱くほどの雪が、またやってくるだろうか。決して雪とは縁の切れるはずのない新潟県。白魔との闘いを記録、記憶にとどめておく。それも本紙の使命に違いない。

多くの住民がこの地を離れてしまうという厳しい現実を伝えている。

柵口雪崩は雪の上に降った雨が凍結してアイスバーンになり、その上に降り積もった新雪が一気に滑り落ちた高速煙型表層雪崩と判明。調査した新潟大学積雪地域災害研究センターの小林俊一教授は「速度は毎秒50～150メートルに達したのではないか」と見立てた。

実は、柵口で大雪崩が発生した同じ夜、約2キロ離れた能生町島道鉱泉付近と、権現岳の裏側にあたる糸魚川市岩倉地区でも大規模な表層雪崩が起きていた。人命に影響はなかったが、岩倉の雪崩は尾根を三つも越え、人家近くに達していた。柵口を上回る規模だったとみられている。

翌日には権現岳裏側の土倉川沿いにも表層雪崩が走っていた。これもまた、砂防ダムから250トンものコンクリート塊を引きちぎって吹き飛ばし、ダム本体を2センチもずらす威力だった。条件がそろえば、巨大な表層雪崩はどこでも起き得ることを物語っていた。

柵口雪崩を受けて、県は危険性が指摘される50カ所で表層雪崩に絞った調査を実施した。古老への聞き取りや現地調査からは、家を山の斜面に対して直角に建てるなど、山と共に生きる雪国の知恵が浮かび上がった。

動き続ける大地で

13人の死者を出した柵口雪崩の1年前、1985（昭和60）年2月15日。糸魚川支局長の高杉幹夫が糸魚川署との宴会の会場に着くと、捜査課長が硬い顔で飛び出してきた。

「駄目だ、駄目だ。玉ノ木だ」。青海町（現糸魚川市）玉ノ木の国道8号で、山側の斜面が約30メートルの高さから崩れ、民家5棟をのみ込み10人が命を落とした土砂崩れ災害の一報が入ったのだ。玉ノ木は天下の険と呼ばれる親不知をさらに西へ進んだ富山県境近くに位置する集落だ。切り立った山と海に挟まれたわずかな土地に国道、北陸線が張り付くように延び、民家が並ぶ。

「青海や能生の国道沿いはいつ崩れても不思議はない」。常日ごろ、高杉も警戒していた場所だった。63年3月に能生町（同）能生小泊で起きた山崩れでは、北陸線の線路が土砂にふさがれ、普通列車が乗り上げた。機関車と客車が海に転落。線路下の民家が全半壊した上、火災も起きる惨事となった。

軟弱な地盤が多い県内、中でも上中越地域では雪解けの時季に雪崩や土砂災害が頻発した。「行くとこ行くとこ地すべり。地すべり記者なんて呼ばれたもんだ」。53年に入社して以来、一貫して上越地方に勤務し、糸魚川、新井、安塚の各支局を回った安藤喜悦には忘れられない土砂災害が二つある。

松之山町（現十日町市）の中心部を動かした松之山の大地すべりがその一つだ。62年11月、じわじわと大地が動き始めると、地割れ、陥没が続いた。12月には30戸以上に立ち退きが勧告され、役場、学校、郵便局、農協といったあらゆる建物が地盤のずれでねじ曲げられ、引き裂かれた。

茶色く変色した安藤のスクラップブックには、小さな記事もきちょうめんに貼られている。その多くは地すべりとの闘いだ。

「電柱くらいのコンクリート柱を縦に十数本打ち込んで止めようとしても駄目で。引き抜くと、その柱が斜めにスパーッと切れてんだ。土砂の威力ってのは、すごいもんだ」

水抜き用の集水井戸が奏功して、地すべりが小康状態を保つようになったのはそれから4年後、66年秋のことだった。

安藤は2回目の赴任となった新井支局でまた土砂災害に遭遇する。78年5月18日、妙高高原町（現妙高市）の新赤倉が地すべりに襲われたのだ。妙高山中腹で発生した地すべりが土石流となって白田切川に押し出し、約3キロ下の新赤倉を急襲。町職員が巻き込まれる二次災害も発生した。死者・行方不明者は13人を数え、関東へ向かうガスパイプラインも切断された。

「新赤倉で大きな災害があったらしい」。午前6時前、安藤に知らせたのは、池の平にある本社妙高ロッジの支配人だった。バイクを走らせ、国道から脇道へ入ると、2メートルもの土壁が道をふさいでいた。高台に回る。そこにあるはずの家はなく、土砂の原野になっていた。

新潟大の調査団は融雪水が引き金となって地すべりが起き、土砂を止めるはずの堰堤《えんてい》がジャンプ台の役割をしてスピードを加速させ、被害を大きくしたと分析した。

「皮肉なのはな、こういう惨事があると、それまでなかなか進まなかった道路改良や砂防工事が進むんだよ」。安藤はスクラップブックをパタンと閉じた。

村は泥海と化した

1967（昭和42）年8月28日、下越地方一帯を猛烈な豪雨が襲った。荒川、加治川、胎内川といった河川が軒並み決壊し、死者・行方不明者は134人に上った。県内で起きた水害では戦後最大の被害となった8・28羽越水害である。

まず注目されたのは加治川流域だった。新発田市西名柄、加治川村向中条（現新発田市）などで、1年前の66年7月17日の豪雨で決壊したのと同じ場所が再び破堤したからである。復旧工事で仮堤防はできていたが、前年を上回る雨量に耐えられる強さはなかった。29日の本紙は「下越に集中豪雨　加治川が再び破堤」と2年続きの被害を伝えた。

この年のコメはとりわけ出来が良かったという。収穫は目前。前年は水害で壊滅していただけに、農民の期待はことのほか大きかった。それが全て、泥水に埋もれた。

天災なのか、人災なのか。被災者の悲しみは怒りとなった。後に住民は国や県の管理責任を問い提訴する。全国の水害訴訟に先駆けた裁判だった。

一方、荒川、胎内川の流域では、時間が進むにつれて深刻な被害が明らかになっていった。

水害発生の28日、村上支局の青木善明は、当時としては珍しい車に乗って関川村へ向かった。荒川に注ぐ大石川で工事中の頭首工が壊れそうだと聞いたからだ。写真を撮り、戻ろうとしたとき、来た道は既に人の背丈ほどに冠水していた。帰ることもできず、近くの雲母温泉に投宿する。だがこのときの青木は、自分が被災地のど真ん中にいることをまだ知らずにいた。

午後9時すぎ、見る間に旅館の1階が浸水した。停電し、電話も通じない。

翌朝、辺りは一面、土色に変わっていた。靴が流され、水に漬かった車は動かない。青木ははだしのまま取材に向かった。「人が流されて死んだとか、断片的な話は聞けるが、全体が全く分からない」

泥の中を歩き、役場や町中を取材し、支局に戻れたのは30日。発生3日目になっていた。「関川村全体が泥海となった。天の試練にしてはあまりにむごすぎる」。31日の朝刊にようやく青木の記事が載った。

新潟方面からの交通も遮断されていた。本社で司法担当をしていた鈴木清治が新潟からヘリで関川村へ入ったのも30日のことだ。上空からは山と山に挟まれた平地が全て川に見えた。降りるなり、5、6人の村人に囲まれた。「食うもんをくれ、畑も何もかも泥だらけだと言われて。大変だったのだろう。そう訴えるのがやっとという感じだった。険しい目つきが忘れられない」。鈴木はその様子を記事にした。青木も「災害から3日目だというのにおにぎり一つ、毛布一枚の救援の手もない」と紙面で窮状を伝えた。

水害から1週間、被災地では行方が分からない肉親を捜す人々が、川原や海辺を歩き回っていた。見つかった遺体を真新しい棺に納め、迎えの車を待つ人を取材する間にも「どこで見つかったのですか」とすがる思いで尋ねてくる。「家ごと流されて何十人も死んだ。人間の運、不運はちょっとした違いでしかない」。青木はやり切れなかった。

発生から5日目、本紙では災害特別企画が始まった。新潟大学などによる特別調査団が、復旧工事の期間短縮や、荒川の一級河川化、砂防ダム整備などとともに、県に防災事業計画の策定を求めるなど、硬軟両面から提言をした。あらかじめ災害に備えることで被害を減らすことができる―。そこには現在につながる減災の思想が打ち出されていた。

弱者はそこにいる

暗闇に濁流のごう音が響いていた。橋が流され、田畑が削られた。1995（平成7）年7月11日夜、新井市（現妙高市）で関川の堤防が決壊したと聞き、新井支局の涌井哲郎は豪雨の中を車で駆け回っていた。

夜が明けると、目の前で家が川に流されようとしていた。夢中でカメラのシャッターを切り続けた。「危ない、戻れ」。周囲から飛んできた声さえ耳に入らなかった。そこに、その家の持ち主がいた。涌井は思わずシャッターから指を離した。どんな言葉を掛けてよいか分からず、後ろめたさが残った。後日、「家の写真がほしい」と家主に求められ、少し救われた気持ちになった。

上越地方を襲った7・11水害では関川や姫川が破堤し、死者・行方不明2人、住宅の床上・床下浸水は４１４０棟を数えた。

さらに翌96年の12月6日、糸魚川市と長野県小谷村の県境を流れる姫川の支流・蒲原沢にあった7・11水害の復旧工事現場を土石流が襲った。作業員14人の命が奪われた。

その後も本県はたびたび梅雨時の豪雨に苦しめられてきた。中でも２００４年7月12日の夜から降り続いた雨は翌日に各地で河川を氾濫させ、7・13水害として多くの教訓を残した。

7・11水害で一瞬のうちに濁流にのみ込まれた民家。猛烈な集中豪雨は関川に集まると容赦なく岸をえぐった（1995年7月12日、妙高市美守）

三条市では13日朝、浸水した商店街で、三条支局の吉田慶がひざ下まで泥水につかってカメラを構えていた。洪水を知らせるサイレンが鳴り響く中、五十嵐川の堤防に上がった。「今までこんなに水が流れることはなかった」と青ざめた表情で話す住民の言葉をメモした。

パソコンから夕刊用の記事と写真を送信し、アパートで着替えを済ませ、市役所へと車を走らせていた午後1時ごろ。ラジオから「五十嵐川が破堤」と叫ぶ声が聞こえた。

同じ放送を三条支局で桑原大輔も聞いていた。すぐに破堤現場へ車で向かうと、途中で濁流が眼前に迫ってきた。家や車が押し流され、はだしのまま逃げ出した女性が「助けはいつ来るんでしょうか」と聞いてきた。だが被災地全体がどうなってい

住宅地に渦巻く濁流

桑原大輔（本社報道部）

激しい雨音に起こされた朝の段階で、半日後に街が濁流に襲われることになるとは想像もできなかった。２００４（平成16）年の7・13水害。三条支局で三条市内の被害を取材した当時を振り返り、日頃の備えの大切さをかみしめている。

発生当日。五十嵐川左岸が決壊したとの一報を受けて破堤現場に近づいたが、住宅地に渦巻く濁流に行く手を阻まれた。戻ろうにも右岸側は大渋滞で動けず、助けを求める人々を撮影したデジカメは雨にぬれて故障した。準備不足に自己嫌悪が募った。

多くの住民が勤務先や自宅に取り残された。「ダムがあるから、水害とは無縁だと思っていた」という市民の声も聞いた。市が出した避難勧告は、職員の不手際で被災エリアに行き届かなかった。誰もが想定外の事態に混乱していた。

朝から製品を高所に運び上げ、難を逃れたという木工会社にも行き当たった。過去の経験から大雨のたびにそうしてきたという。全く危機感のなかったわが身を省みた。

命と財産を守るための教訓も多く得られた。この水害などを機に設けられた避難準備情報はその一つだ。さまざまな災害で現地に出向き、ボランティアのまとめ役を担うようになった三条市民もいる。

あれから、当時生まれた子が中学生になるほどの年月が流れた。惨事を知らない人が増え、経験者の記憶も徐々に薄れる。折々に紙面で取り上げることで教訓を次世代につなぐ役割が、本紙にはあると思う。

るかは、桑原にも分からない。もどかしい思いで住民の震える声をメモした。

中之島町（現長岡市）と見附市では刈谷田川の堤防が切れた。見附支局長の北川順は市役所で耳を疑いながらメモ帳に走り書きした。「堤防決壊、３人流された？」「電柱につかまり助け求める？」──。

車で刈谷田川に急行したが、橋は通行止め。あふれる川水で車が水没しそうになった。「悪い情報は全て間違いであってほしい」。そう願いながら対策本部や避難所を右往左往し、情報を確認できないもどかしさを募らせた。

中之島保育園には自衛隊のヘリコプターが園児の救出に向かった。学校などの建物が濁流に囲まれ、多数が取り残された。取材ヘリからは瓦屋根に上がって救助を求める住民の姿をとらえ、水の怖さを報じた。

７・13水害では家屋の全半壊が５７２８棟、床上・床下浸水は８０７９棟に上った。死者は15人。そのうち12人が70歳以上だった。

なぜ高齢者に犠牲が集中したのか。避難情報が聞こえなかったという声も多く聞かれた。紙面では高齢者ら災害弱者の救援や避難情報に関する問題点を掲げた。避難勧告の前に「避難準備情報」を出すなど、減災への取り組みはその後の災害で生かされるようになった。

窮地に集まる知恵

大きな揺れに思わず四つんばいになった。目の前で地面が割れ、泥水が吹き上がった。新潟市の万代島で取材をしていた写真部の横田雄司は夢中でシャッターを切った。昭和石油新潟製油所のタンクから黒煙が上がった。

１９６４（昭和39）年6月16日午後1時2分、新潟地震が発生した。粟島南方沖でマグニチュード7・5を観測。県内各地に数メートルの津波が押し寄せた。新潟市では都市機能がまひ。電気、電話、ガス、水道、鉄道が止まり、道路は寸断され、完成したばかりだった昭和大橋が信濃川に落ちた。新潟市中心部にある新潟日報本社からは記者たちがすぐ取材に飛び出した。津波で浸水した地域を歩き、ずぶぬれ、泥だらけになって状況をつかもうと駆け回った。

社内では新聞を発行できるのか、被害状況の確認作業を急いだ。自家発電は動かせるのか、信濃川の対岸に保管していた新聞用紙は運べるのか―。

社長の西村二郎は正面玄関に社員を集め、ＰＲ用の宣伝カーの上から叫んだ。「いかなる困難をも克服して新聞を発行すべきであり、それが新聞人に課せられた最高の使命である」。印刷直前だった夕刊の発行をやめ、4ページの号外を作った。1面には「県下一帯に大地震」の大見出しと、倒壊した県営アパートの大きな写真。2～4面には津波から逃げる女子中学生、大きな亀裂がで

地震で石油タンクに火が付き黒煙が上がった。人々は油の浮いた泥水の中を必死の思いで避難した（1964年６月16日、新潟市の東港線道路）

きた道路、曲がりくねった線路の上を歩く市民の写真を配置した。号外を刷り始めたのは午後8時すぎ。終わるとすぐに朝刊の製作に取り掛かった。

市民は情報を求めて路上で新聞を広げた。自らの置かれた苦境を伝えたいという被災者の思いも日増しに強くなった。

信濃川の河口近くでは津波や破堤であふれた水が引かず、川のようになった道路に家財が浮かんだ。

報道部の小泉孝夫は海の家から調達したボートに乗り、浸水地帯を回った。切れて垂れ下がった電線をよけながら家の2階に取り残された人たちに声をかけると、皆よく話してくれた。「自分たちの惨状を伝えるために記者が来ることがうれしかったんだろう。新聞の持つ役割は災害のときに一番強く発揮される」と小泉は感じた。

紙面では明確な復旧へのキャンペーンを掲げた。新潟大の地質、医学、建築、政治学の専門家による「震災調査団」を結成。1週間にわたって各地に派遣し、応急対策や復興への提言を連載した。続けて「教育調査団」や「農業調査団」もつくり、さまざまな提言を紙面に展開した。

また、新潟大医学部の協力で「新大・日報診療団」を編成し、6月24～29日に新潟市内45カ所を回って1500人以上を治療した。被災者のためにできることは何か。知恵を結集し、さまざまな連携が生まれた。

県などの記録によると、県内で死者は14人を数え、避難中の関連死なども相次いだ。多くの住宅や鉄道など社会インフラが被災し、津波や石油タンク火災への対策が求められた。新潟市の県営アパート倒壊などで液状化現象による被害も注目を集め、本格的な調査・研究が始まった。地震保険の必要性も議論され、66年に関連法が成立した。

新潟地震から明らかになった多くの教訓と復興への課題を紙面につづった。その報道で本紙は新聞協会賞を初めて受賞した。

教訓を未来のために

真上に跳ね上がるような衝撃の後、波打つような横揺れに誰もが立っていられなかった。2004(平成16)年10月23日午後5時56分、長岡支社3階の報道部ではテレビが飛び、棚が倒れ、スクラップブックが散乱した。

キャップの高橋直子は机の下に潜り込み、書類と一緒に落ちた携帯電話を探した。すると再び大きな揺れ。余震だ。電話を見つけて番号を押すが、通じない。記者の昆野伸司は長岡署へ、カ

逆境に負けない強さ

関根浩（写真部長）

秋晴れの土曜だった。午後5時56分。突然、ドンと縦揺れが来て、すぐユサユサとした横揺れに変わった。揺れが徐々に大きくなり本棚が崩れ、テレビが落ちてきた。経験したことのない大きな揺れだった。「支社が倒壊するのでは？」。2度、3度と繰り返す大きな余震に恐怖を感じた。

すぐに取材へ飛び出すと「小千谷の被害が大きい」と無線で連絡が入った。小千谷市に入り、商店街の被害状況を取材した。ペチャンコにつぶれた電気店の写真を撮り、妙見の土砂崩れ現場にたどり着いた。母子3人の乗った車が土砂崩れに遭い、当時2歳だった皆川優太さんが奇跡的に救出された場所だ。だがその夜は真っ暗で、車の姿も何も見えなかった。

地震発生から2日後、自衛隊のヘリで山古志村（現長岡市）に入った。あちこちで山肌が大きく崩れ、民家は敷地ごと流れ落ちていた。道路にできた土砂の山を注意深く進むが、足が抜けなくなりそうだった。

途中、養鯉業の人たちに出会った。池に空気を送るポンプを止めないよう、必死だった。ちょうど昼時で「日報さん、カップラーメンを作るから食べていけ」と言われた。「ここには沢の水はあるし、プロパンガスでお湯も沸かせる」。逆境にもびくともしない山に住む人の力強さを感じた。

私は当時、家族でアパートに住んでいた。自宅は食器棚の扉が吹き飛び、壊れた食器が散乱していた。家族は日中片付けをし、夜は小学校の体育館に避難した。私は2晩だけだが避難所にお世話になった。そこでもらうおにぎりやパンがありがたかった。

中越地震の激震で山の斜面が崩れ家ごと流された長岡市濁沢町付近。火災も発生し、地震から丸１日近くたっても煙が立ち上っていた（2004年10月24日）

メラマンの米倉正雄と関根浩も外へ。そしてそれぞれが惨状を目にする。

川口町（現長岡市）が震源のマグニチュード６・８、最大震度７の中越地震の取材はこうして始まった。

とにもかくにも、新聞を現地に届ける。新潟市にある本社では社長の星野元の決断の下、全てが動き始めていた。現地へ次々と記者を送り出し、通常紙面を特別紙面に変更するなど、緊急態勢を取った。

道路が寸断され孤立した山古志村（同）には、本社報道部の荒木崇と小熊隆也が一夜明けた24日朝、泥まみれでたどり着いた。崩れた山と壊れた家が次々と目に飛び込んでくる。「村の状況を麓に伝えてほしい」。村民にそう託された。

長岡支社と小千谷支局を前線基地に総力取材が続いた。支社報道部デスクの神田敬輔は「被災地の報道機関としてやることは山ほどある。まずは現場に立つことだ」と部員を奮い立たせた。避難状況やライフライン、救援物資などの情報をまとめた特集面も毎日、被災者に届けた。
被災地では車中泊に伴うエコノミークラス症候群などによる関連死が相次いだ。死者は関連死を含め68人。被災住宅は12万棟以上を数え、被害が大きかった中山間地ではさらに過疎高齢化が進むと懸念された。

新潟日報社も「地震に負けず　がんばろう！」「心をひとつ　ふるさと復興」を合言葉に全社を挙げて被災地の復興を支援した。紙面では2年連続で「中越地震」を通年企画のテーマに据え、生活の再建と地域の再生に向けて歩む被災者の思いを伝えながら、復興の課題を解決していこうと取り組んだ。

この中で何度も取り上げたのは被災者生活再建支援制度だ。「個人の資産形成には助成できない」という国の論理で、支援金を住宅再建に充当することができなかったためだ。「家を建てられないと地域を離れるしかない」「個人の住宅再建は地域の復興につながる」と、被災者の目線で改善を訴えた。「復興や防災体制の見直しが成功すれば、全国の中山間地のモデルケースにもなる」。企画キャップの中村茂は必要性を語った。

しかし、その制度改正は実現しないまま、大地は再び大きく震える。中越地震から3年もたたない07年7月16日午前10時13分、上中越沖でマグニチュード6・8、最大震度6強の中越沖地震が発生した。

3連休の最終日だった。柏崎支局長の阿曽晋は柏崎市内にいた。市中心部で家屋が軒並み倒れ、つぶれている。カメラを向け、号外用の写真を本社に送信した。だが支局員の携帯電話はつながらなかった。

その一人、鈴木謙輔は郊外にいた。すぐに市街地へ引き返し、取材に駆け回った。自宅も被災し、夜遅くになって避難所で家族を捜した。町内会長に「頑張れよ」と励まされた。

死者は15人、被災住宅は4万4千棟以上。中越地震との二重被害に遭った住宅も多かった。再び、避難者の声に耳を傾ける総力戦の取材が始まった。

この年の11月、悲願の法改正が実現した。被災者生活再建支援金が住宅再建にも利用できるようになり、中越沖地震の被災者にも適用された。

中越地震の被災者の声が国を動かした―。紙面にはそう刻んだ。

第6章　環境 ——豊かさの代償

高度経済成長が始まった1960年代。豊かな生活の陰で、利益優先の経済活動が自然を汚していく。「地球環境」が声高に叫ばれる前から、本紙は緑と命をおびやかす問題に取り組んできた。いまだ被害者が救済されない新潟水俣病、絶滅の淵から野生復帰しつつあるトキを追う記者の目に、地元で暮らす意地が光った。

新潟水俣病の汚染源となった旧昭和電工鹿瀬工場（1971年、撮影時は鹿瀬電工工場）

公害発生

1965（昭和40）年6月12日、水銀中毒発生についての記者会見が新潟大医学部で開かれるとの連絡が入った。大学担当だった小川日出吉は「水銀を使った農薬の中毒患者が出たのかな」と考えながら医学部に向かった。

ところが神経内科教授、椿忠雄は「阿賀野川流域で原因不明の有機水銀中毒患者7人が確認された」と説明した。記者から農薬との関連性について質問が相次いだ。椿はそれを遮り「熊本で起きている水俣病みたいなもの」と締めくくった。翌日の本紙に「阿賀下流に水俣病」の見出しで初報が載った。

56年5月に公式確認された熊本水俣病は、世間からほぼ忘れ去られていた。資料も少なく、あっても原因不明の奇病扱い。小川ら5人は水俣病とは何かを知り得ぬまま、患者や流域住民への取材を重ね、行政機関による原因調査や一斉検診を追った。走りながら、手探りで書くしかなかった。

取材班がそれなりに水俣病を把握できたのは、公害病研究の第一人者で東大助手だった宇井純の助けが大きい。初めて見る熊本の患者を撮った記録映画は衝撃的だった。宇井が執筆した資料は、水俣病発生のメカニズムを知る手掛かりとなった。

後に分かることだが、水俣病とは、工場排水に含まれるメチル水銀が、魚介類の食物連鎖を通して体内に蓄積し、発症する神経系の病気である。原因が特定されない段階で、本紙は報道各社に先駆けて「新潟水俣病」の名称を使ったが、適切だったのだろうか…。名付け親の小川は悩みながら、公害発生源を特定する取材を急いだ。

行政の原因調査は、県衛生部長の北野博一の指揮で始まった。過去に水銀を扱った全ての工場、農薬会社をチェックしようという気の遠くなるような作業だった。この時期、鹿瀬町（現阿賀町）の昭和電工鹿瀬工場の排水を疑ったのは、宇井と漁業者だけだったといえる。だが裏付けは弱く、記事にできる状況ではなかった。

原因は同工場の排水であると厚生省研究班が発表したのは67年4月。6月には患者が昭電に損害賠償を求めて提訴した。後に四大公害訴訟の先駆けとなる全国初の公害裁判だった。

人々の関心は裁判の行方に集まった。折しも高度経済成長の真っただ中、繁栄の陰で発生した公害が社会問題化してきた。

取材の対象は患者にとどまらず、坂東克彦ら弁護士、斎藤恒ら医師へと広がった。無名だが新進気鋭の専門家が集まった原告側に対し、被告の昭電側は高名な学者を次々に起用した。工場排水が原因であることを否定、水銀農薬によるものだなどと主張した。

後に新潟水俣病被災者の会会長となる近喜代一宅を訪れ、川魚を食べる頻度や症状を聞き取る厚生省調査団（1965年６月15日）

「企業の反論も報道しないといけない。でも、目の前の患者に接していると傍観者ではいられない、応援したくなる。それは地方紙の宿命のような気がする」。裁判取材を続けた小泉孝夫はこう述懐する。

71年9月の判決前夜。小泉たちは阿賀野川河口から鹿瀬町までの65キロを何日かに分けて歩き、10回の連載にまとめた。自転車にまたがり、川を舟で伝い、汽車に乗った。新潟水俣病の全体像をつかみたいと思った。しかし、歩いても見えないことがある。病気を隠していた上中流域の患者の存在に気づかなかった。小泉は後にそう悔いる。

この1次訴訟後も新潟水俣病をめぐる裁判は続く。今も3、5次訴訟、行政訴訟が係争中だ。

公害補償

1971（昭和46）年9月29日、新潟水俣病1次訴訟の判決が言い渡された。新潟地裁とその周辺が何百人もの支援者、記者らであふれた。勝ったのか、負けたのか。雑観記事を担当する今野鋼治は原告の表情から読み取ろうとした。

「（判決内容の）報告会は『勝った勝った』というけど、原告の顔を見ると何とも複雑な、本当かいという感じだった」

今野らは地裁近くの本社に上がると、記事のトーンをめぐり議論した。夕刊締め切りまで時間が

１次訴訟の判決後、新潟地裁の構内を埋める報告集会。新聞、テレビの記者や支援の労働組合員らが全国から駆けつけた（1971年９月29日）

ない。被告昭和電工の責任を認めた点では原告の全面勝訴、でも満足のいく賠償額なのか。心情を酌み取った社会面の見出しは「値切られた喜び」となった。

患者側と昭電との補償交渉は73年に合意した。国が水俣病と認めた認定患者に昭電が一時金、年金を支払う内容だ。「公害絶滅へ新方向／患者要求すべて通る」との見出しが画期的な協定だったことを物語る。

交渉の経過を追った佐藤準二は「専門家からは『日報の記事は原理原則より補償、お金の方に流れている』と言われた」と振り返る。「それでもいいと思った」という佐藤の原点。それは協定調印の直前に急死した被災者の会会長、近喜代一の「病気の苦しみの上に生活の心配までさせない。それが公害補償だ」という言葉だった。

74年には公害健康被害補償法（公健法）が施行され、補償を受ける仕組みが整った。読者の関心が薄れるにつれ、関連記事の量は次第に減った。未曽有の公害問題は、解決へのレールが敷かれたかのように見えた。

ところが、申請しても長期間待たされる人、申請を棄却される人が徐々に増えていった。75年の紙面には「患者を増やすな、という圧力が政治や昭電から、かかっているのでは…」という談話が載った。

裏に事情があった。水俣病かどうかを判断する物差し、認定基準について、国が「疑わしきは認定」（71年）から「複数症状の組み合わせ」（77年）を求めるなどと変更し、より厳格にしていたのだ。後に「被害者切り捨て」と批判される政策だった。

「水俣病は全国的な問題でしょ。新潟のような画期的な補償方法だと企業がもたない。そんなことが背景にあったのではないか」と佐藤は推測する。

国の責任を追及する機運が被害者の間に高まった。九州で水俣病が発生したにもかかわらず、排水規制などの防止策を講じず、新潟で第二の水俣病を引き起こし、認定基準を厳しい内容に変更した責任である。

79年11月に「2次訴訟へ／未認定患者が方針」の記事が載った。医療担当だった塩沢拓夫が取材に加わり、補償交渉の合意からちょうど9年たった82年6月21日、2次訴訟が起こされた。塩沢は医師で水俣病研究の第一人者、熊本大学助教授の原田正純を取材した際、「未認定患者を原告にした裁判は苦しいですよ」と言われたことが記憶に残る。本社内でも「勝訴」は難しいとみられた。

一審判決まで10年近くかかった。塩沢は一線を離れ、司法担当デスクになっていた。判決当日の

92（平成4）年3月31日夕刊。1次訴訟の時のように、主見出しをめぐる論議が繰り返された。大勢は「国の責任認めず」、塩沢は「原告88人を患者認定」を主張、患者の思いを推し量った。結局、塩沢の案が通った。「国の責任」に重きを置き主見出しとした全国紙とは逆の紙面が出来上がった。

政治解決

「水俣病で悩んでいる人が多くいる。40年も解決できないで政治が知らん顔をするわけにはいかない。社会党首班の連立内閣でしか解決できない問題だ」

参院選最中の1995（平成7）年7月8日、首相の村山富市が新潟市の街頭で熱弁を振るった。その後、わずか10分だったが、首相として初めて新潟水俣病被害者と面会し、「本当に長い間大変だったでしょうね」と言葉をかけた。

共同通信に出向し、首相番記者として村山を日々追っていた間狩隆充は、その姿に並々ならぬ決意を感じた。社会党の首相とはいえ、連立政権の主導権は自民党にあった。「社会党の存在をアピールし、違いを出したいとの思いが伝わった」と間狩は振り返る。

94年に政権をとった社会党にとって、最重要課題の一つが未認定のまま取り残された被害者の救済だった。95年12月、村山は「遺憾の意」を表明し、一時金などの救済策を講じた。第1の政治解決である。これにより、係争中の2次訴訟は取り下げられた。

東京支社報道部で環境庁を担当していた勝沼直子は「政治が動けば政策も変わるというダイナミズムを実感した」と語る一方、「政治の責任をあいまいにしたままの解決に疑問を感じた」という。やはり社会党出身の環境庁長官が、問題長期化への政治責任は認めつつも、水俣病の被害拡大には「国に責任なし」と繰り返したからだ。

「水俣病がなぜ起きたのか、なぜ被害が広がったのか、国は調べようとしない。被害の全容が分からないまま全面解決できるのか」。勝沼の懸念は現実となる。国が救済策の申請を締め切った後も、救済を求める人は後を絶たなかった。

2008年、県は新潟水俣病地域福祉推進条例を制定した。国の認定基準より幅広く「新潟水俣病患者」を認め、福祉手当を支給する県独自の救済策だ。熊本水俣病関西訴訟で最高裁が04年、国の認定基準が厳しすぎると認めた流れを受けている。被害者救済に向け、国の方針とは異なる全国初の条例だった。社説は「重く受け止めたい」と評価し、「弱者の苦しみを国に伝え、救済を求めるのも自治体の大切な役割」と指摘した。

世論の高まりを背景に、09年7月、水俣病救済特別措置法（特措法）が制定された。既に締め切られていた、国による先の救済策とほぼ同じ枠組みであり、第2の政治決着と呼ばれた。

だが、申請への道は険しかった。本社の水俣病担当として動きを追った横山志保は、取材先の病院で「申請方法がややこしい」という嘆きをよく耳にした。「週にウグイを何匹食べたか」など約40年前の食生活を思い出すことが求められた。被害者には高齢者が多く、制度を理解したり、

どう伝えればいいか

川合純丈（整理部）

ずっと抱えている課題がある。見た目では分かりにくい被害者の痛みを、どうやったら伝えられるのかということだ。

新潟水俣病の公式確認30年の1995（平成7）年ごろから、阿賀野川沿いの地域に足を運ぶようになった。65（昭和40）年の発生当初見られた劇症型の人には会ったことはない。私が顔を合わせた被害者が訴える症状は手足のしびれなどが中心で、外観からは分かりにくかった。

見えない被害は、さまざまな誤解や偏見を生みがちだ。安田町（現阿賀野市）の女性被害者は、辺りをはばかるように招き入れてくれた自宅でつぶやいた。

「体がいうことをきかないから寝ていると『なまけ病』呼ばわり。気力を振り絞って外へ出れば『ニセ患者』扱い。どこにも身の置き所がない」

公式確認50年の2015年にはデスクとして関連企画を担当した。

「金目当て」と見られることを恐れ、認定申請を諦めた人がいた。救済策の適用を受けたことを親戚にさえ言えない人もいた。見えない被害を抱えた人たちは、周囲の目を恐れていた。体の不調や心の痛みといった言葉を連ねるだけでは、かえって誤解や偏見を助長させかねない。悩みは尽きなかった。

この問題の取材を始めたころ、被害者支援に関わる人が「水俣病問題の解決に向けた第一歩は、被害者の痛みに共感することではないか」と話していた。

どうすれば社会の共感をはぐくむことができるのか。10年以上前、そんなことをある場所に書いた。その答えは、いまだに得られていない。

申請のために外出したりすることが困難な人もいた。

差別や偏見もまだ根強くあった。近所に記者の訪問を悟られぬよう電気を消す、さりげなく家族が耳をそばだてる中での取材を経験した坂井有洋は「周囲の目を恐れていた」とおもんぱかる。申請には本人の覚悟が必要な場合もあったのだ。

特措法の申請は12年に締め切られ、間に合わなかった人たちによる裁判が続く。偏見や差別解消の取り組みを進めつつ、期限のない恒久的な対策でなければ、根本的な解決にはなり得ない。いつの時代になっても、担当記者にそんな思いがのしかかる。

寄り添う

１９７２年に本紙初の公害担当となった佐藤準一が現役時代、後輩によく語り聞かせたエピソードがある。

「近さんは阿賀野川に船を浮かべ、よく漁をしていた。『おーい、近さーん』と岸辺から呼び掛け、手を振ると、戻ってきてはこう言ったものだ。『おれがいくら大声を出しても、聞いてくれる範囲は限られている。でもマスコミは違う。言葉が活字になり、電波に乗る。多くの人に訴えを届けることができる』と」

近さんとは被災者の会会長、近喜代一。１次訴訟のリーダー的存在で、協定調印直前の１９７３

（昭和48）年5月に急死した。その直後、本紙は近の日記を43回連載で紹介した。補償交渉をめぐる議論や思わしくない体調がつづられ、新聞やテレビの記者がひんぱんに登場する。

「各報道者が入れかわり立ちかわり来た」「頭がいっぱいなのに、取材に引き合わされてくたくたになる」「記者等より電話あって茶を飲むひまもなかった」

記者を大切にした近は、取材に対して誠実に対応した。その代わり、記者には高い問題意識を持つことを求めた。70年11月には日記に「（記者に）政府が本気で公害絶滅に立ち上がる事が望みである事、報道関係者も本気で取り組んでもらいたい旨話した」と記している。

佐藤は近宅の忘年会に誘われ、漁で捕ったヤツメ汁を振る舞われたことがある。記者として認知してもらえるようになった小宴がうれしく、佐藤は何杯もおかわりした。

近の死後、佐藤は近から「最も記者らしくない記者」と評されていたと知る。「特ダネだ、特オチだとバリバリ動く全国紙と比べ、地元紙は先を急がず、じっくり話を聞くということかもしれない」と佐藤。最高の褒め言葉だとかみしめた。

2次訴訟を率いた被害者の会会長、南熊三郎が91（平成3）年の連載で語った言葉は切実だ。自宅に届いた匿名の年賀状には「お前、本当に水俣病か。水俣病だったら寝ていろ」とあった。着せられた汚名に、南は「長期化する裁判を選んだのは〝ニセ患者〟を訂正させるため」と声を絞った。

ある女性原告はこうも訴えた。「悪い病気ですよ。健康だけでなく、金が絡むと地域や患者同士の人間関係もズタズタにする」

報道への期待と注文

小武節子（新潟水俣病被害者の会会長）

１９５７（昭和32）年に結婚して以来、ずうっと新潟日報を取っています。水俣病の記事は全部切り抜き、煎餅の缶に入れてあります。窓欄の投書もです。缶は五つになりました。

これまでに日報さんからもらった名刺を数えたら、25人の記者から取材を受けていました。

２０１１（平成23）年に水銀の国際会議（国連環境計画の政府間交渉）に参加した時のことです。会場を回る私を写真に撮り、送ってくれた記者がいました。「これからも水俣病を取材していきます」と手紙が添えられていました。

手紙をもらったり、「大変ですね」と一言、声を掛けてもらったりすると、取材される側の気持ちは和みます。水俣病に限らず、そのことを忘れないでもらいたいですね。

私に手のしびれや変形といった水俣病の症状が出始めたのは、30歳の頃でした。その後、２次訴訟の原告になりました。政治決着では悔しさが残りましたが、長い闘いが終わってほっとした部分もありました。

01年から新潟水俣病資料館（新潟市北区）で語り部を務めています。「カネ欲しさのニセ患者」と陰口をたたかれたつらい話もします。人前で話すのは苦手でしたが、被害者の苦しみを分かってもらえなければ、公害が繰り返されると思うからです。

記者の皆さんには水俣病に関心を持ち、被害者の苦しみを報道してほしいのです。記事の字数には制約があり、難しい専門用語もあるのでしょうが、解説をつけるなどすれば、読む人は増えると思います。（談）

こうした声と向き合う担当記者は、転勤や異動のたびに数年で入れ替わらねばならなかった。93年入社の野上丈史は担当になった2006年、取材先から「国の役人は交代するが、こっち（患者）は変わらない。記者も交代するから、そのたびに説明しなければいけない」と愚痴られたことが気になった。真摯《しんし》に向き合おう、担当を離れたら終わりではない。そう心に決めた野上は今も、親しくなった被害者が集まる花見会に顔を出す。

新潟水俣病50年企画に携わった07年入社の渡辺隼人は、ある患者から阿賀野川での漁に誘われた。「水俣の記事を書いているが、まともに漁を見たことないだろう」。記事にしてもらいたいのではない、川とともにある暮らしを知ってほしい──。一面では捉えられない思いが伝わった。

年を経るにつれ、水俣病問題は複雑になる。水俣病50年、戦後70年企画を担当した笹川比呂子は、その原因を「れっきとした公害であるにもかかわらず、自ら患者・被害者であることを証明しなければならない理不尽さにある」と指摘する。新聞が寄り添いつつ、書き続けなければならない理由でもある。

トキ捕獲

新潟水俣病1次訴訟の判決を翌月に控えた1971（昭和46）年8月、死んだトキの臓器から多量の有機水銀が検出されたとの記事が載った。見出しは「農薬　トキもむしばむ」。推定年齢は人間に例えると70歳、農薬汚染された餌を食べ続けていたとみられた。

トキはこのころ、絶滅にひんしていた。死んだのは本州最後のトキで、石川県能登半島で捕獲された後に佐渡の県トキ保護センターに移され、人工飼育されていた。確認されたトキで残ったのは野生の9羽と、センターで飼育されていたキン、合わせて10羽のみとなった。

明治に入るまでは、学名の「ニッポニア・ニッポン」が象徴するように、トキは日本でありふれた鳥だった。それが薄桃色の羽根目当てに乱獲されるなどして激減、戦前の38年には、推定生息数が佐渡20～30羽、能登5～10羽となった。

ロケットネットによる野生トキの捕獲。網から外すとき「クワッ、クワッ」と鳴いたという（1981年１月11日＝環境庁提供）

歴代の佐渡支局員は「ハレの日に食べる、めでたい鳥だった」という古老の話をよく聞いた。稲を踏み、水田を荒らす害鳥だったとも耳にした。

52年に国の特別天然記念物、60年に国際保護鳥に指定されても、保護への意識は今ほど高くはなかった。伊勢神宮の儀式用に羽根の提供を依頼されたという52年の記事には、「生きたまま羽根だけを採りたいが、それが難しければ一羽だけ死獲もやむをえない」という関係者の話が紹介されたほどだ。

絶滅を防ぐには自然繁殖か、人工飼育か。熱い議論が交わされる中、72年6月、自然界でのヒナ2羽誕生のスクープが社会面を飾った。「毎年何羽が自然繁殖するのかが注目の的だった」と取材した佐渡支局長の今井晴也。野生のヒナ誕生は今後の保護方針を決める上での重要な要素で、佐渡駐在の報道各社がしのぎを削っていた。

ところが記者は繁殖の妨げになるとして、巣に近づけない。今井は一計を案じ、誕生の未確認情報を得ると、センターに確認の電話をかけた。「よかったですね」「よく知ってるな」─行間を読む取材に多くの言葉はいらない。取材の過熱を警戒したのか、県のガードが堅くなり、翌年からヒナ誕生の特ダネはなくなったという。

「トキが集まる時季がある。群れが飛ぶのを時々見た。真っ白な羽の裏はとき色で、優雅な姿だった」と今井。だが、確認される野生の数は一向に増えなかった。「自力での繁殖は絶望的」と環境庁は79年、全鳥捕獲による人工飼育にかじを切った。

81年1月、強い推進力を持つロケットネットが宙を舞い、野生の5羽を捕らえた。センターには抗議が相次いだ。飼育員の高野高治は飼育日誌に「朱鷺《とき》に大きな声で伝言してほしい　逃げるだけ逃げて網の中に入らないように」と電話があったと記した。飼育日誌は後に本紙で連載された。

人工繁殖の不調は続く。5羽のうち雄はミドリだけ、雌は次々と死んだ。87年秋から佐渡支局で担当した高橋正秀は、毎年繰り返された「2世期待」の報道に「茶番劇だと思いつつ、国産種絶望だと記事で引導を渡せなかった」と振り返る。最後に残った雌のキンは高齢だったのだ。

既に中国との繁殖協力が85年に始まり、北京動物園の雄がセンターに送られていた。全鳥捕獲の最後の生き残りのミドリも90年、北京に渡った。だが、ヒナ誕生の朗報はない。95年、ついにミドリが死んだ。

野生復帰

1999（平成11）年5月21日、佐渡トキ保護センターで55グラ《ム》の1羽の小さな命が生まれた。国内初のトキ人工ふ化の成功だった。くちばしで殻を破る「はし打ち」の確認から31時間、屋外での会見に臨んだスタッフの顔には疲れと安堵《あんど》と喜びが交じっていた。

トキ保護に携わって32年の同センター参事、近辻宏帰は「長い間望んでいた宝物を初めて見た」と喜びを抑えきれなかった。取材した佐渡支局の土田茂幸はこのときくしくも32歳、「ふ化成功までの時の長さ、関わる人の思い、壮大な取り組みだと実感した」と振り返る。

もどかしい取材の連続だった。トキは環境庁の委託で県が飼育しているため、重要な情報は東京や県庁でまず発表し、本社から支局に打ち返されることが多かった。最前線にいるはずなのに、半月後までひなを見ることすらできなかった。

前年に中国から贈られた「友友《ヨウヨウ》」「洋洋《ヤンヤン》」のつがいの子は「優優《ユウユウ》」と名付けられた。佐渡のトキは国産の「キン」と合わせ、4羽になった。人工繁殖が軌道に乗り始めた。

土田は翌年、優優とカップルになる中国トキ「美美《メイメイ》」をスクープした。トキのふるさと、中国

放たれたトキを追え！

佐藤隆（写真部）

２００８（平成20）年9月25日午前10時半すぎ、佐渡市の空に10羽の試験放鳥されたトキが舞った。島民らが見守る中、力強く羽ばたき、思い思いの方向に飛んでいった。拍手と歓声が上がった。

だが、群れをつくらずにばらばらになったトキの追跡は難しく、専門家チームはトキの現在位置を特定できなくなった。

翌朝から捜索チームに同行してトキの姿を追った。

午前6時すぎ、トキ発見の情報を受け、新穂ダムに向かった。ダム付近で上を眺めていると、遠くで白いものが移動するのが見えた。

「いた！」。超望遠レンズをつけたカメラを向け、上空を旋回する姿を追った。トキはすぐに木立の中に消えた。

何とか撮影した写真は夕刊に掲載された。よく見ないと鳥かどうかも分からない写真だった。

翌年6月までトキを追い続けた。前日の目撃情報などを頼りに、日の出前に宿を出発し、日没まで探し回って宿に帰った。空振りに終わる日がほとんどだ。

それでも、放鳥6日目にはアオサギと一緒に飛び回る場面、1カ月後には民家近くの木の枝で羽を休める姿、冬に入るとうっすらと積もった雪の中で行動を共にする3羽など、佐渡の風景に溶け込むトキを撮影することができた。

田植えの時期には、農作業する人のすぐ近くで餌を探す様子も収めた。田んぼを歩いていたトキがジャンプし、私が乗る車を飛び越えたこともあった。

あれから8年たった16年には、純野生のつがいからひなが誕生するようになった。放鳥当時を振り返ると感慨深い。

陝西省《せんせい》の保護施設を訪ねた際に幹部が「いいトキを送る」と明らかにしたのだ。土田は国際電話で原稿を読み込んだ。報道管制が厳しいトキネタである。「そんな話は聞いてない」と驚く本社に、土田は誤報ではないかと心配した。現地スタッフが「日本に行く関係者が服を新調していたから大丈夫だ」と肩をたたいてくれた。

中国トキのつがいは着実に子孫を増やした。２００３年にキンが死に、野生の国産種は絶滅したが、07年になると佐渡のトキは１００羽を超えた。

08年９月25日。全鳥捕獲から27年を経て、飼育下で生まれ育った10羽が空に放たれた。１カ月前まで佐渡支局勤務だった関宏一は、本社からの応援取材で立ち会った。「何十年も前から関係者が取り組んできたことが、本当に実現するなんて…」。保護活動に一生をささげた佐藤春雄の傍らで、トキを追って２年にすぎない関もまた、胸を熱くした。

初放鳥を機に、６シリーズに及ぶ通年企画「朱鷺（トキ）の国から」が紙上で始まった。放鳥後に分かったトキの生態のほか、過疎高齢化が進む佐渡の苦悩と挑戦、農村の課題などを伝えた。人とトキとの共生への道筋を示したいと願った担当デスクの高橋直子は「トキは未来の環境を考えるシンボル。人は謙虚に自然を見つめ、知恵を働かせていかなければならない」と思いを語る。

12年４月22日午後９時。環境省は放鳥トキのペアからひなが誕生したと発表した。野生下のひな誕生は36年ぶり。本紙は翌日の１～４面を誕生のニュースで埋め、社会面を見開きにし、社説と日報抄を急きょ、トキ関連の原稿に差し替えた。輪転機が回りだすまで時間がない中、紙面の全面展開で県民読者と喜びを分かち合った。

取材の中心にいた佐渡支局の中島陽平はこの年の7月、日本記者クラブ会報にこう書いた。

「一度野生下から消えた種を復活させ、自然に戻すには、地域のさらなる理解と協力が不可欠と感じる。日本産トキは絶滅したという重い事実を忘れたくない。全国の人からトキに関心を持ってもらうことが、自然環境を保護・維持することの大切さを考えるきっかけになってほしい」

第7章　農業　——岐路に立つコメ王国

新潟の水田の広がりに目をやる。「瑞穂《みずほ》の国」の原風景がここにあると感じさせられる。戦後の農業をめぐる環境は厳しさが増し、政治に振り回されてきた。本紙は農業県であることに誇りを持ちながら紙面を作ってきた。米作に焦点を当てて振り返る。根底にずっと流れているのは新潟の農業を強くしようという思いにほかならない。

黄金色に染まった稲田のはさ木（新潟市西蒲区夏井）

「若い農民」の力

1960（昭和35）年9月、本社社会部を中心に学芸部や支社、支局からデスクを含めて9人の記者が集められ「若い農民」班が組織された。同名の連載は翌年元日の紙面から始まった。題字は文化勲章を受章した作家武者小路実篤の筆だった。画家でもあった武者小路からは毎回異なった挿絵も描いてもらった。得意の花や果物の絵が紙面に潤いを与えた。

食べるのに精いっぱいだった時代が変わってきた。食料不足に対する不安は残る一方、コメ余りの兆しが出始めていた。連載の準備に入ったのは池田勇人首相が「所得倍増計画」を打ち出した年だ。農家人口4割減も論議されていた。

高度成長の階段を駆け上がり始めた日本の農業はどうなっていくのか。全社挙げての初の本格的な農業連載は、若い世代のエネルギーを映し出しながら、農村の抱える悩み、期待をさまざまな角度から取り上げ、反響を呼んだ。

戦時下の42年2月に食料の価格・流通を政府が一元管理する食糧管理制度（食管）が施行されていた。その秋に戦時統合で新潟日報が生まれたが、戦後しばらくは農業の記事は少ない。52年から当時の政経部の手で「農業こよみ」「相談の手引き」といった農家向けの実用記事が掲載されていた。

紙面が限られている中での大がかりなチーム取材のスタートだった。学芸部から呼ばれた若杉正は、青年団活動などに関心を寄せていたこともあり、大和村（現南魚沼市）藪神地区の生活記録運動を取り上げた。

ファクスなどはない。取材に使うのは自転車、バイクの時代に汽車を使っての1泊2日の出張取材は思い出深い。藪神で集落単位の文集が小さな花を咲かせ始めたことを伝えた。若杉は「デスクらとのやり取りは電話で、取材班も顔を1回あわせただけ」と語る。

耕運機などの農機具導入が、「セガレ引き止め機」としてブームになっていることを伝える本紙連載「若い農民」（1961年1月14日朝刊）

連載は東京・新宿のそば屋で中学卒業後に働き始めた青年の話から始まる。故郷は川西町（現十日町市）、6人兄弟の次男だ。家にいる弟、妹を思い出しながら言う。「中学卒業のときが家を出るとき」「半年も雪に埋もれて（1年に）23俵で食っていくことは手品だ」

農機具の普及が共同購入で加速していたときでもある。「セガレ引き止め機」と題した記事は耕運機がなければ嫁が来てくれないだけでなく、後継ぎの長男も農作業から離れかねない実情をルポしている。

元日から3月にかけて計40回の連載記事を掲載したほか、農家の若い世代による座談会、記者座談会、政府や政党幹部

農村を歩き続けて

伊藤忠雄（新潟大学名誉教授）

日本人にとって米は特別な存在である。とりわけ、「米王国」に登り詰めてきた新潟にとっては格別なものがある。

　その米が歴史的鳴動を始めたのは、皮肉にもわが国が悲願の米の自給を達成した１９７０年代以後のことといってよい。以後、米は転変する時代の舞台で翻弄され続ける。消費減を背景に、自由化という時代の奔流が価格・流通体系や制度に大改革を迫り、食管制度を一挙に押し流した。この時期、米は年ごとに経済と政治の論理に攪乱《かくらん》され、「政局作物」と揶揄《やゆ》された。

　米の地位が特別であるだけに、報道される関連記事は常に地域と農民の関心を引きつけてきた。とりわけ、上がることはあっても下がることはないといわれた米価引き下げという衝撃的な事態にあっては、４日間連続して新潟日報の一面上段で報じ続けた（１９８７年）。紙面はいつも県民とともにあった。しかし、これを契機にふるさとの稲田の風景も変貌する。

　長年農村を歩き、農民の動静に接してきた私の目には、米づくりに無策なこの国のありようが稲作農民の精神をその根底から踏み砕き、展望のない大海へと漂流させているように思われる。米を中心に無数の因果関係が絡み合い蠢動《しゅんどう》するさまは、あたかも南方熊楠が提起したマンダラの「萃点《すいてん》」に似ている。

　世紀を跨《また》いで続く米問題は、さらに深い混迷の時代を迎える。これからも「みづたのあぜによむひと」に寄り添いながら、明るいふるさとの明日を展望する紙面を期待したい。

へのインタビューも載せた。

読者の感想文も公募した。入選作の見出しを拾うと「負けずにやるぞ」「楽観論でいいのか」「もっと山村に目を」などとあり、文章もどう農業を強くするのかという意欲にあふれている。当初3編を入選とする予定だったが、力作ぞろいで5編になった。「台所事情」もある。賞金は5等分し、1人1200円だった。

4月には本編が同名のタイトルで未来社から刊行された。あとがきに当時の編集局長中野敬止は「農業が曲がり角にきたというが、確実に曲がってしまい、大転換期にきているのではないか」と書き、危機感をにじませている。

新潟日報の読者の真ん中に農家、農民がいた。

反減反の黒煙

1976（昭和51）年8月16日夜、前日来の強い雨は午前中にやんだものの、新潟市東部にある福島潟干拓地周辺の中小河川は水かさを増していた。

潟を干拓してできた農地と残りの潟とは堤で区切られている。低地の潟に流れ込む河川の水は「承水路《しょうすい》」を通って残りの潟で受ける。洪水時の緊急対策として堤の一部を低くし、水を干拓地にも流す構造だった。その堤の低い部分を溢流《いつりゅう》堤と呼んでいた。

「越えて来たな」。新発田支局員の大黒敬三は午後7時すぎ、溢流堤を乗り越えて農地に入り込んできた水を確認した。原稿をまとめ電話で現地から読み込んで、朝刊に入れた。福島潟干拓地は、秋田県の八郎潟を干拓してできた大潟村と同様、戦後の食糧難対策で農地に生まれ変わった。潟のおよそ半分の干拓に国費が投じられた。

県が「コメ百万トン達成運動」を打ち出した67年に着工され、完工したのは75年。この間、政府が生産調整（減反）を決めたのに応じて、県も増産運動を撤回していた。そして潟に農地を配分した農家には、稲ではなく畑作を奨励していた。

干拓で農地になったとはいえ、いつ水につかってもおかしくない。そんなところに、畑作を命じるのは不条理だ。泥田となっても泥畑はあるまい。コメを増産するといった後ですぐに減産だ。適地適作を唱えていたのは誰なのか—配分を受けた農家には不満がくすぶり続けていた。

畑作に対して強固に抵抗していた農民の怒りは、県から配分取り消しを通知されたことで爆発した。取り消しの無効を求める訴訟が起こされた。国、県の指示を無視しての春耕、そして稲の作付けが強行されていく。

大黒の記事は翌日の本紙社会面に載った。闘争が激しさを増していたとき、潟が泥田になる現実を改めて示した12行の短い記事だった。

稲作を強行する農民が逮捕されるなど闘争は激化し、全国紙や中央のテレビ局も福島潟での動きを大きく伝えるようになっていく。農政の矛盾を象徴するような出来事であり、政争と化していったからでもある。

この渦中に本社の論説委員室からは問題を取り上げる社説は出ない。社説は時事問題について社の見解を示すものだ。対立の芽が出始めていた75年9月の事業完工式を含め、ずっと福島潟を取り上げることはなかった。ほぼ連日のように一面、社会面に記事が掲載される問題に沈黙したのは異例だった。論旨が委員同士の間で固まらなければ、社説は掲載されない。穀倉地新潟を揺るがす問題だったことを象徴していた。

完熟の時期を前にした9月4日、配分を取り消された農民は、強行作付けした稲の一部を刈り取った。タイヤが燃やされて反減反の黒煙が上がる中、米を手にした農民、支援した当時の社会党員、日農組合員らは「勝利米」と宣言した。その後で残りの稲を国の職員が青刈りとして淡々と「処分」した。

流血の事態だけは避けたいという舞台裏の取引の中で決まった玉虫色の政治決着だった。かつての広かった潟の様子を覚えている人も少なくなった。自然豊かな水鳥の宝庫で知られる福島潟が日本農業のあり方を問う舞台となった。その面影もない。

異色の農業面

1992（平成4）年3月30日の本紙に社告が掲載された。週1回掲載してきた「農業面」をやめ、4月から新たに「マンデー経済」として衣替えするという内容だった。
単独の農業面を一般日刊紙が長く続けるのは新潟日報以外に例がない。穀倉を抱える新潟ならではの紙面を抜本的に見直すことになった。

「生産者と消費者が手を携えた発言や運動が広がりつつある」として、農家向けの紙面だけでは物足りない社会になってきたことを理由に挙げている。

農業面を最後に担当した農政担当キャップの塩沢栄久も「コメ、コメでは紙面を作れなくなった。このページだけでは日本、そして県内農業の針路を伝えにくくなった」という。

農業面の歴史をさかのぼれば、1957（昭和32）年の「農家のページ」に行き着く。『新潟日報五十年史』は、農家のページに1項目を割いている。社史は「当時二十一万戸を数えた農家の指針として愛されたページは週三回に増やされ、新潟日報の〝売り物〟の一つだった」と記す。

本紙の販売・普及にもひと役買った。一般記事と一緒に、農事にかかわる情報が手に入ることを農家が歓迎した。競争相手の全国紙から日報への購読に切り替える動きがあったと社史は伝える。

70年代には「農村欄」になったこともあった。毎回「新潟の農民」が登場して苦労話を語る記事は好評だった。だが、地域密着、農家密着の紙面は時代の要請で少しずつ性格を変えていく。コメを中心とする農業だけでなく、水産、林業関連の情報も掲載するようになる。掲載回数も農家のページの週3回が2回に、そして農業面としたときは週1回に減っていた。

塩沢が言うように農家向けの実用記事だけでは、農業をめぐる状況を伝えられなくなってきたのは、農業を取り巻く環境が大きく変わってきたためだ。

農政担当記者は7月の米価決定、年末の県内市町村別作付面積の配分を軸に取材スケジュールや農業紙面を考えた。米価闘争が盛り上がりを見せていたときの農業面には活力があった。農民票がまだ自民党を支える強力な団体であり、本県の場合は有力な農水族議員を抱えていたからでもある。

しかし、主食であるコメの値段を決める生産者米価決定劇に対する消費者の関心は薄れていく。米価をめぐる政治的な駆け引きより、食に関係する多面的な記事が求められるようになった。背景には進むコメ離れがある。

国際化、自由化の圧力が日々増してきたこともあった。社告が出た年にはオレンジ、牛肉の自由化が決まっていた。86（昭和61）年から始まり94（平成6）年に終わったガット（関税貿易一般協定）のウルグアイラウンド交渉で自由化論議が激しさを増していたときに農業面が終止符を打った。

日本のコメをどう決着するのかという重要な通商交渉が続いていたにもかかわらず、「農業がわかりにくくなってきた」という読者の声も届くようになった。本県の基幹産業である農業を取り巻く環境が複雑さを増していく中、農業面は幕を下ろした。農家のページから数えて35年間続いた。

中山間地に入る

本県の面積は都道府県別でみると全国5番目だ。大河がある。県土を囲むように山がある。そして広い越後平野も抱える。自然に恵まれた県の可住地面積は北海道に次ぐ。住めるところが広い。これには中山間地も寄与している。可住地は全体の面積から林野や湖沼などの面積を差し引いてはじき出す。農業を頼りに営んできた人たちが林野を「山里」にしている。本紙はこの中山間地が抱える課題を追ってきた。

松之山町（現十日町市）を舞台にした、連載「ムラは語る」は、1985（昭和60）年元日から始まった。最初のシリーズは「家が泣いている」だった。松之山は豪雪地だ。住人がいなくなった家が雪の重みできしんだ音を立てる。ムラを挙げて里に下りる「挙家離村」が言われたときの企画である。

大型の機械を入れることができない山間地の棚田（2007年10月、上越市浦川原区）

深い雪との格闘だけではない。地すべり地帯でもあり、農地は機械が使いにくい棚田だ。ムラの冬に記者が農家を訪ねて回った。日本ジャーナリスト会議の奨励賞を受賞した。厳しい条件の下で生活する住民の土地への愛着は、鍛えられたかのように根強い。そこに住むプライドも伝えた。

吉川町（現上越市吉川区）川谷に天明伸浩が東京から移り住んだのは、「ムラは語る」が紙面に載ってから10年後の95（平成7）年。戦時にできた食糧管理制度が廃止され、新食糧法ができたときだ。尾神岳山麓の南斜面に中山間地にしては広い5ヘクタールほどの農地がある。

サラリーマン家庭に育ち、大学では農学部を選んだ。「就職となれば、農家を指導するような仕事に就くのが普通だが、相手とする農家が減っているときに、それでいいのだろうか」と学生時代に自問した。その結論が農家となる決断だった。

大日方英樹は、吉川町を管轄していた頸北支局長のときに天明に出会い、共感する話が多かった。大日方は、長野県北部にある小川村道平の出身だ。道平集落には3軒が残る。「農業で生きていくしかないムラ」の事情がよく分かる。大日方は頸北支局から上越支社に移ってから、連載「山に生きる」を後輩と共に始めた。挙家離村から限界集落という言葉が使われるようになったころだ。「ムラは語る」から25年たったのを機に、かつての企画をフォローする連載「ムラよ」も始まった。県内の農地の約4割とされる中山間地は、農業類型区分では「山間農業地域」と「中間農業地域」に分けられる。山間も中間も人が減っている。

中山間地の離農が加速すれば、用水管理も含めた負荷のツケは下流の農家に流れてくる。平場の農業を守るためにも山の農業は軽視できない。ロングランの連載は、新聞労連ジャーナリスト大賞の優秀賞を受賞した。

若者の農業志向が高まっている。天明のようにIターンし頑張り続ける一家もいれば、途中で離農するケースも後を絶たない。大日方は「成功した例を取り上げて元気づけたい」と言う。まとまった土地があるとの紹介で天明が移り住んだ川谷だが、ここも去っていった人が少なくない。天明は「今はネットも使える、宅配便もくる。私はよそ者だからこそ、川谷に残った人、そして去った人との触媒となれる」という。そんな交流の場の模索も始めた。新しい力を生かす山里の挑戦が続く。

平成のコメ騒動

ビアガーデンから客足が遠のいた。県内各地の海水浴場は売り上げの減少にため息をついた。農家は凶作が訪れることに不安を募らせていた。１９９３（平成５）年夏の光景だ。冷夏の影響でコメの作況指数は、農家のわずかな期待をも裏切るかのように青森が平年の28、岩手が30など東北を中心に大凶作となる。本県は89で踏みとどまったものの、大冷害は農家経営を危ぶませる事態へと進んでいった。

政府は9月末、タイ米を中心とする外国産米の緊急輸入を決めた。「コメで社会不安を起こしてはならない」という即断即決の対応だった。緊急輸入のニュースを聞きながら、報道部長の佐藤準二は「食糧管理制度（食管）もこれで終わりだな」と思いをさまざまにめぐらしていた。

形骸化が進む一方だった食管は、それでもコメ農政の土台としての命脈を保っていた。食料供給の大原則は安全なものを、安心できる価格で、安定供給することだ。それが戦時下に始まる食管の原点だった。にもかかわらず、コメの記録的不作は社会の混乱を招いていく。

大量のヤミ米が公然と出回り、県内の農家にも新潟米を求める電話、手紙が相次いだ。10キロ

1万5千円でも取り引きされた。国産米の買い占め、売り惜しみが続出し、首都圏ではスーパーやコメ屋の店頭から国産米が姿を消した。この「平成のコメ騒動」の教訓は、食料供給の安心が崩れるときの社会不安の大きさであり、紙面は「食卓有事」の怖さを伝えた。

逆にいえば、それを担保してきたはずの食管が機能していないことを如実に示した。この年の12月、各国が貿易自由化を議論するガット・ウルグアイラウンド交渉で日本は、市場開放を拒み続けたコメ輸入に道を開く決断をする。

関税化を待ってもらう代わりにミニマム・アクセス（最低輸入量）を受け入れた。その輸入が2年後の95年から始まる。食管の見直しが迫ってくるタイミングに、平成のコメ騒動に見舞われた。佐藤は「93年が戦後農政のターニングポイントだった」と振り返る。佐藤が予測したように95年に食管が廃止され、新たに食糧法が制定された。食管でコメを全量管理するという「保護・管理」の時代は終わった。そして国際化と流通自由化を旗印にした「競争・選別」が始まる。コメ農家、農業団体は抵抗したが、保護から競争へという流れは押しとどめられなかった。

半世紀にわたって続いた食管は穴だらけになってピリオドを打った。制度が始まったのは戦時下の42（昭和17）年で、新潟日報が3紙を統合して生まれた年でもある。新聞は用紙がなかった。なべてモノがなかった。大都市部では餓死者が絶えず、栄養失調の子どもがあふれ、公園や道路をつぶして農地にした。そんな時代は過ぎ去り、昔話になったはずのときに起きたコメ騒動だった。

佐藤は退職後も農政に関心を寄せる理由を「食管廃止、食糧法が生まれるという戦後農政の転

偽魚沼コシヒカリ事件

武藤斌（元新潟日報記者）

発覚の発端は1991（平成3）年の8月末に塩沢町農協（現JAしおざわ）に入った一本の電話だった。「コメ袋の中にコクゾウムシがわいていた。こんな不良品を出荷しているのか」。東京のコメ販売店からの苦情だった。

農政記者の私にも情報が届いた。塩沢町農協は30キロ入りコメ袋の使用を8年前に廃止し、1トンパックで出荷している。コメ袋は偽物だと。

早速、東京の苦情主に電話を入れた。仕入れ先は有名な大手卸。えーっ？　いかに食糧管理制度が形骸化しているとはいえ、この大手が違法なことを？

流通ルートの上流に向かって取材を進めると、6段階もあり、次々に不審な業者名が表れた。流通ルートは複雑怪奇。しかし、それは取引があったかのように、伝票だけの偽装されたもの。

実際は長野の業者が無地のコメ袋を大量に仕入れ、印刷機まで買い入れ、借りた倉庫で、社員を使って「全農」と刷り込んだ7万袋を作製。そこに「新潟米コシヒカリ」「低温米」「魚沼コシヒカリ」のシールを貼り、そのうえ食糧事務所の検査員名のゴム印や塩沢町産の印も偽造していた。偽袋には長野産米が詰められ、西日本方面でさばかれた。消費者からの苦情はまったくなかった。

長野産米60キロ2万円、魚沼コシヒカリ2万6千円。利ザヤ6千円を7万袋さばけば、その暴利は4億2千万円。社長以下4人が有印公文書偽造・同行使の容疑で、新潟県警に逮捕され、一件落着となった。

尻抜け状態となった食糧管理法はコメの自由流通を求める内外の圧力の中で、事件の4年後に廃止された。

換を目の当たりにしたことが大きい」と語る。そして当時の与党政治家が「コメを一粒でも入れたら農家は身ぐるみはがされたと思うだろうな。稲作は天皇家とも深い関わりがある。一筋縄ではいかない…」とつぶやいたのを今も覚えている。

コシ、強運の問題児

出来秋に黄金色に染まる田に刈り取りを待つ稲が一部倒れている。穀倉新潟を支えるコシヒカリ収穫前の見慣れた風景だ。

１９９３（平成５）年6月13日の日報抄は、コシがひょっとすると生まれてこなかった可能性があったことを取り上げた。コシは「問題児」であり「強運のコメ」だと表現しているのが興味深い。

論説委員だった酒井義昭が残した著書『コシヒカリ物語』（中公新書、１９９７年刊）は、日本農業ジャーナリスト賞を受けた。酒井はコシを生み出す交配が行われたのが終戦前年の１９４４（昭和19）年だったと指摘した上で「食糧難で質より量が求められた時代にコメの大敵、いもち病に弱いコシヒカリを本県が作る決断をしたのは謎だ」という。

機械化が進んでいないときである。倒伏しやすいコシは、農家にとっては多くの手作業を強いられる、やっかいなコメのはずだ。酒井は当時の新潟県農業試験場がコシを選んでいく過程をドラマチックに描く。

品種登録するかどうかの最終判定の場でも総スカン状態だった。「熟色《じゅくしょく》は良く容姿端麗だが、こうもべったり倒れては」と否定的な意見が大勢を占めていた。採用の是非をめぐって議論が進められていたとき、倒れていた稲を刈り取った職員の口から「あれ、この稲生きている」という言葉が飛び出たのだという。持ち上げてみると、茎は折れ曲がることなく懸命に重い穂を支えていた。

熟色が美しい稲は育つ――当時のトップの判断で56年に県の奨励品種となった。その後は機械化の進展などもあり、コシは全国に普及する。79年に作付面積で1番となって以降、他道県で新品種が出ても王座を譲らず、むしろリードを広げる「怪物」となる。一般に新品種が人気を保つのは10年というなかで異例の長さだ。

熟色とは実って登熟した作物の色をいう。稲穂は黄金色に輝く。コシは茎が長く倒れやすい半面、枯れる速度が他の品種よりも遅い。熟して垂れ下がる稲穂を支える茎、下葉に緑が残っていて、茎がすぐに赤枯れする品種に比べると全体の熟色が「容姿端麗」なのだという。倒れてもしなやかさを保ち、じっと刈り取りを待つ。県民性に似ていなくもない。

２００７年の県会で、知事の泉田裕彦は「コシヒカリＢＬをコシヒカリと表示するのは、従来のコシとの違いを分からないように売ってしまおうという戦略で、情報隠しだ」と答弁した。

ＢＬはいもち病の耐性があるという意味だ。コシの弱点を克服しようと県の研究機関などが早い時期から耐性のある品種とコシヒカリを何回も繰り返し交配し、ＢＬを育て上げてきた。にもかかわらず、県のトップから「情報隠し」という言葉が飛び出てきた。しかも、大半のコシがＢ

L品種となっており、流通業者などでもコシヒカリで通用していた。食味も従来コシと変わらないというのが通説だったが、食味と名称をめぐって農業現場と知事との認識の「落差」は大きく、本紙も深く掘り下げて報道した。

商品名変更という問題に発展し、名称を定める検討会はBLを「新潟オリジナルコシヒカリ」とした。BLの種は県外に売らない。知事発言を機に起きた議論で、BLが県内独自のものであることを浮き彫りにしていったのである。

戦時の交配作業で、コシを食味で上回る品種が廃棄されたかもしれない…と酒井は想像をかき立てる。終戦の年にはコメの開発はできなかった。終戦の混乱期を前にして生まれた問題児が新潟の農業を支える。強運と言うほかない。

コシの経済波及効果は計り知れない。コシを生み、ブランドに磨きをかけてきた人の労苦も忘れられない。そのコシでさえもコメ離れの厚い壁にぶつかっている。

矢面に立つ「王国」

新潟は「コメ王国」だ。紙面でこの言葉がよく使われるようになったのは、コメの市場開放の圧力が強まった1986（昭和61）年末からである。コメの収量の多さ、作付面積の広さ、そしてコシヒカリがある。王国にふさわしい新潟に、かつてない試練が訪れてきている。

２０１３（平成25）年、連載「コメ王国どこへ」が始まった。この年に安倍晋三政権が大胆な農政改革を公表した。１９７０年から続いてきた減反を廃止し、「水田フル活用」を掲げた。農地を集約する機構の創設、民主党政権のときにできた戸別補償をやめる代わりに飼料用米に補助金を出すなどのメニューを示していく。

この２年前に全国農業協同組合中央会（ＪＡ全中）の会長に本県の万歳章が就いていた。農業大県でありながら、本県からは初の会長だ。政府の規制改革会議は、全中の全廃も含む改革案もまとめて、農協組織を刺激した。国際化、自由化の大波を受けながら、国内でも農政改革の動きが激しくなっていった背景にはＴＰＰ（環太平洋連携協定）がある。

米倉弘昌経団連会長と握手を交わすJA全中会長の万歳章（左）。経団連との連携で改革をアピールした（2013年11月11日＝東京都内）

コメの新潟が矢面に立たされたという思いが担当記者によぎった。経済・農政を担当するデスクだった笹川克年は日本新聞協会発行の「新聞研究」に一文を寄せ、「企画は息の長い取り組みになりそうだ。本県にとって稲作は基幹産業であり、県民の精神性や地域文化にも深く根ざしている。『コメ王国』の活力を保つにはどうすればいいのか」と企画を始めた意図を書いた。

連載を軸に単発記事、特集などを展開し、多様な側面から追った。安倍政権での改革を「農業団体、農水省、農林族のトライア

混成訪米視察団

木村哲郎（元新潟日報記者）

トランプ米大統領の登場で暗礁に乗り上げているＴＰＰ（環太平洋連携協定）。ＴＰＰからさかのぼることおよそ30年前も、ガット（関税貿易一般協定）のウルグアイラウンド（多国間貿易交渉）で日米両国は火花を散らしていた。特に矢面に立たされていたのが農業分野で、対象品目は牛肉・オレンジだけでなく、本県にとって重要産品のコメもターゲットにされた。

１９８９（平成元）年5月、コメ市場の自由化を迫るアメリカの実態を見てみよう、と新潟県農協中央会が呼びかけアメリカ農業視察団を出すことになった。大学教授から自治労組合員、県農業試験場職員など多彩なメンバーで、その中に新潟日報農政担当だった私もいた。

取材はアーカンソー、カリフォルニア、ミネソタ、ワシントンＤＣと全米各地にわたった。自作地40㌶ながら２８００㌶を耕作するが「経営はギリギリ」と話す農家、カリフォルニアで１８０㌶を耕作するがコスト高の灌漑《かんがい》用水に苦しむ農家、家族農業の保護を訴える農業組合、米農務省などから話を聞いた。当時農水相だった近藤元次衆院議員に頼み込み、ワシントンの日本大使館を通じて米通商代表部（ＵＳＴＲ）、全米精米業者協会にアポイントを取ってもらい突撃取材した。帰国後の連載に厚みが加わったことは言うまでもない。

視察ツアーは14日間に及んだ。出発前には報道部の先輩・後輩から壮行会を開いてもらった。まだ海外取材が珍しかった頃の伝統が残っていたのだと思う。

ングルを緩めたことは評価できる」と指摘する識者の声、飼料用米づくりを試みたものの「お金にならない。新潟は主食用米でいくのが正しい」という農業法人の声、退職金まで機械につぎ込めず「補助金半減では農業を大規模農家に委託するしかない」という小規模兼業農家の声―農政では過去に何度も転換点が言われてきた。それらをひとくくりにしたような転機にいることを伝える。

万歳が「減反廃止は寝耳に水」などと語るなど、農政改革は産業界が主導し、JA外しで行われたことを浮き彫りにした。「命を削った2農相」として佐藤隆、近藤元次の農水相経験者を取り上げ、本県の政治力を考えた。小泉純一郎首相による郵政民営化改革で、日本郵政公社が「抵抗勢力」とされたのと似た構図に農協が置かれているとも指摘した。「土のにおいがしない」とされる産業界主導による改革に疑問を投げかけた。

TPPは米国のトランプ新政権の方針転換で頓挫したように見えるが「米国第一」が露骨で、鋭い矛先を日本農業に向けてくるはずである。

人口減でコメの消費量は減っていく。高齢化が進み、食べ盛りの若い世代が少なくなることで消費はさらに落ち込む。新たな手を打たなければ先細りになることも見えている。国際化、市場開放、企業化が進むのも間違いない。「コメ王国」は揺らがないか。新たなグランドデザインや戦略が必要だ。農が政《まつりごと》であることに変わりはない。そんな思いを持ちながら、取材が続く。

第8章　女性　――道を拓《ひら》く

婦人参政権の実現、男女平等を定めた新憲法制定―。戦後改革は、女性にとって新しい時代の幕開けを意味した。それから70年余。政治の舞台で、働く場で、地域で、本県の女性たちはどのように歩んできたのか。社会参画の動きを象徴的な出来事や特色ある取り組みを伝える紙面から追った。暮らしやすい社会を求め、悩みながらも声を上げ、行動する姿がそこにあった。

合同企業説明会に参加する女子学生たち（2014年1月、新潟市）

政治の舞台へ

女性の政治史が大きく動いた瞬間だった。1989（平成元）年6月25日に行われた参議院補欠選挙で、社会党公認の大渕絹子が、自民党公認候補を退けて当選を果たした。翌日の本紙には「女の時代　日本が変わる」という見出しが躍った。

時代が変わろうとしていることは、選挙期間中から見て取れた。社会党委員長土井たか子が来県した応援演説では、一目見ようと集まった有権者で新潟市中央区の万代シテイに人だかりができた。

報道部記者だった阿達秀昭は「圧倒的に女性が多かった。歩道橋が落ちるんじゃないかと思ったほどだ」と振り返る。

大渕は導入直後の消費税の廃止を訴えた。「女性の声を全面に出していた。それが有権者の思いにはまったのだろう」と阿達。この補選で女性の投票率が大きく上がった。その理由を本紙は「台所を預かる主婦層が消費税に敏感な反応を示した結果といえる」と分析した。

大渕の勝利はやがて、マドンナ旋風となって全国を席巻する。1カ月後に行われた参院選では社会党が議席を倍増、初めて参院で与野党が逆転した。土井が「山が動いた」と名言を残したあの選挙だ。多くの女性は、自分たちの力で政治を変えられると確信した。女性の当選者も史上最多を数えた。

本紙家庭面では連載「女たちの一票」（89年7月）を展開する。市町村議会の女性議員らにも焦点を当てて女性が政治に関わる苦悩や、有権者の投票行動なども掘り下げた。

大渕は参院補選の2年前、初挑戦した87年の県議選で苦杯をなめている。小千谷市選挙区から出馬し、現職に491票差に迫りながら惜敗した。

この選挙戦を本紙は中越版で連載「マドンナ旋風」（87年7月〜8月）として取り上げた。落選した候補に焦点を当てる珍しい企画は25回にわたり、女性が田舎で立候補することのしがらみや、選対で奔走する女性たちの思いをつづった。

それまで政治は人ごとだった同じ集落の女性は、大渕の選挙を手伝ううちに「女ももっと政治に関心持たねば…。やっとこの年になって分かってきた」と考えを変えていく。

その選挙から12年後。県議会の歴史がようやく動いた。99年県議選で西村智奈美、松川キヌヨが当選し、52年ぶりに女性県議が誕生した。

大渕が参院に当選した89年のマドンナ旋風を受けて女性議員は全国的に増加したが、依然として女性県議がいない県があった。

当選が決まった瞬間、歓喜のバンザイとくす玉が割れる中で志苫裕（元参院議員）と握手を交わす大渕絹子（中央）（1989年６月25日）

その一つが本県だった。

女性を政治に送り出す力となったのは、意識を変えようと動いた女性たちの存在だった。95年に開かれた国連世界女性会議（北京会議）のＮＧＯフォーラム参加者を中心に98年、「女性議員を増やそうネットワークにいがた」が発足。勉強会を開催し、女性議員誕生を支えた。「男性より女性の投票率が低い県が5県あった。その一つが新潟。政治後進県なんです」。県議選を前にした連載「移ろう風景」には、活動に取り組む女性の危機感がにじんでいた。

同ネットの勉強会にも参加し、その後衆議院議員となった西村は言う。「長い歴史の中で、女性が大きく変わった分野が政治であることは間違いない。それでいてまだまだ課題のある分野が政治でもある」

政治に活路を求める女性のうねり。それは戦後間もない時期にも起きていた。

女性代議士誕生

「圧倒的に多い婦人　無筆のお婆さんまで投票所へ」。敗戦から約8カ月後の１９４６（昭和21）年4月10日、戦後初の総選挙で一票を投じる県民の熱気を、翌日の本紙はこう伝えた。

女性に選挙権と被選挙権が認められて初の選挙である。字が書けないにもかかわらず、新潟市の投票所にやって来た75歳の女性は、投票箱にお辞儀をして「有り難や、有り難や」とつぶやいた。のちに本紙記者となる中島欣也は、三条市内で投票風景を見た。「大行列に、女性がいっぱい並んでいた。異様な感じがしたほどだ」

連合国軍総司令部（GHQ）の意を受け、本紙は女性に投票を勧める啓発記事を幾度も掲載してきた。先の本紙にある「吹き飛んだ〝棄権〟」の見出しには、ほっとした気配が漂う。

選挙で注目を集めたのは新潟市の村島喜代（進歩党）、倉俣村（現十日町市）の野村ミス（無所属）の2人が当選したことだった。どちらも高等教育を受けたインテリで、夫を亡くしていた。民主主義と男女平等の機運が高まる中、全国で誕生した女性代議士は39人に及ぶ。

この時の選挙制度が、投票用紙に2人か3人の候補者名を連記する「大選挙区制」だったことも大きい。ちなみに後に首相となる土建会社社長、田中角栄も初挑戦したが、落選している。

村島は新潟高等女学校（現新潟中央高）出で、同校の寮監を務め文化活動に熱心だった。担ぎ出したのは、同窓の女性たちだ。「参政権が認められても女性候補が出ねと女性の力は引き出せねからね」。公職追放令で立候補できなかった進歩党幹部が村島を口説き落とした（95年3月の本紙連載「にいがた戦後50年物語　民主主義の灯遠く」）。

選挙運動を担った一人が新潟市のしにせ旅館「のとや」の名物おかみ、神林徳《のり》である。「車に乗ってメガホンを持ち、運動したそうです。女性県議第一号の寺尾愛さんの選挙にも関わった」。徳の長男で會津八一記念館館長の神林恒道は振り返る。

当選が決まった夜。村島の陣営は、女性たちの歓声と歌声に包まれた。村島は46年4月12日の本紙でこう抱負を語った。「私は女性の代表として闘うつもりです」。村島の長男、滋（新潟市）は母が「当選後、東京でGHQのマッカーサー長官に会い、握手した」と話していたのを覚えている。

一方の野村は、無所属で出馬した。進歩党公認候補だった村島と違い、野村の当選は驚きをもって迎えられた。東京で新聞記者を務め、戦前は教師をしていた。「雪深く貧しかった地域を何とかしたいと、出馬を決意したようだ。いとこだった父が陣営の責任者になった」。子どものいなかった野村の晩年をみとった島田東一（十日町市）は言う。

村島は新民法の制定やソ連抑留者の引き揚げに力を入れ、野村は食料問題などに取り組んだ。だが2人の政治生命は、約1年後の衆院解散で終わることになる。

47年4月、野村は参院選新潟地方区に転身を図るが落選した。その時の本紙は、女性の投票率の低さを嘆いた。村島も同じ月に行われた衆院選に挑戦したが、中選挙区制に変わっていた選挙に敗れる。

この衆院選で初当選を果たしたのが田中角栄である。田中は高度経済成長時代を背景に、政治の表舞台を駆け上がっていく。「男たちの政治」の時代が再び、始まろうとしていた。

大訪問団、北京へ

夏の終わりの中国は、ことのほか蒸し暑かった。1995（平成7）年8月30日。北京市郊外の懐柔県で、アジアで初開催となる第4回国連世界女性会議（北京会議）のNGOフォーラムが始まった。本県から総勢94人の大訪問団が入った。多くは女性の地位向上へ地道に活動してきた人たちだった。

彼女たちは現地で何を見、何を感じるのか。それを確かめたいと、学芸部の渡辺英美子が訪問団に同行した。

21世紀に向け、男女平等のための国際的指針を探るのを目的とした北京会議。NGOフォーラムでも貧困層の増大、戦争と女性の人権など地球規模の課題が取り上げられた。

訪問団は県女性財団が取りまとめた。新潟女性史クラブは「歴史の中の女たち—家から社会へ」と題し、県内女性の歩みを紹介する写真パネル展を開いた。「女のスペース・にいがた」は従軍慰安婦問題やアジア女性の出稼ぎを絡め、性暴力と女性の人権の問題を訴えた。

「その場に身を置き、各国の草の根NGOの取り組みを目の当たりにすると、北京へのキーワードだった『エンパワーメント（力を付けること）』が実感できるような気がした」と渡辺は報じた。

肌の色や言葉は違っても、平等や平和に向かって手を携えられる

北京会議NGOフォーラムで女性の人権を訴えた女のスペースにいがたのパフォーマンス。テント小屋は各国の人であふれ、反響も大きかった（1995年8月31日）

と感じた。

フォーラムで世界の動きに触発され、本県の女性たちの活動は急速に盛り上がっていく。そのうねりを本紙は追った。

市民団体「にいがた女性会議」代表の渡辺信子が見たのは、先進国のはずの日本が女性議員の比率では発展途上国より劣っている現状だった。社会を変えるには女性の政治参画が不可欠と痛感して帰国した。

翌年、渡辺らNGOフォーラムに参加した県内女性らが全国ネットワーク「北京JAC」と連携し、「北京JAC・新潟」を設立。政策決定機関への女性の参画を掲げ、県当局との意見交換を開始した。

さらに98年2月、NGOフォーラム参加者を含む女性有志が発起人となり「女性議員を増やそうネットワークにいがた」が発足。長年の「女性県議ゼロ」を返上し、すべての市町村に女性議員を送り込もうと、関係者は意気込んだ。セミナーなどを開催、候補者を支援した。

社説も変革の兆しにエールを送った。「女性議員に対しては、市民の要求を反映させる回路機能と市民としての感覚が今、あらためて期待されている」(98年11月7日)。機運の高まりは、99年の統一地方選で52年ぶりに女性県議が当選する原動力の一つとなった。

北京会議を経て国内では99年に男女共同参画社会基本法施行、本県でも2002年に「男女平等社会の形成の推進に関する条例」が制定された。

法整備や制度面は前進した。しかし、あらゆる場での男女の共同参画が進んだかといえば、そ

道を拓いた女性記者

渡辺英美子（経営企画会議副議長）

今はもう話を聞けないのが残念だと思う先輩女性記者がいる。

1946（昭和21）年5月に入社した小木ミサヲは本紙女性記者の草分け的な存在だ。戦後初の総選挙で女性が初めて選挙権を行使してからおよそ1カ月。配属された「夕刊ニヒガタ」は創刊翌日の5月17日、共学となった新潟医科大で勉学に励む女子学生の姿を伝えた。これを小木が書いたのか確認はできないが、男女の在り方に鋭い視点を持っていたことは確かだ。

当時では珍しく結婚後も旧姓を使い続けた。広告局開発部長を最後に48歳で退職すると女性問題に取り組む。新潟市の女性行動計画推進を市民の側から後押ししようと発足した「にいがた女性会議」初代代表などを務めた。

その関係で、この大先輩を取材したことがある。「今の人は（仕事も家庭も）欲張って生きてね」と励ましてもらった。自身は子どもを持たない人生を選んだ。

小木から遅れること2年、48年に石川宮子が入社した。東京支社で多くの文化人と交流を深めた。

59歳で退社し、その蓄積を生かして銀座に「みや通信」を創立。同社は現在も本紙をはじめ全国の地方紙に文化記事などを配信している。

石川チエコは49年入社。学芸部が長かった。ヘビースモーカーだった。「女は男の3倍働かないとだめ」と言っていた。そのくらいの覚悟を持って道を切り拓いてくれたのだ。89年、学芸部長で退職した。

3人とも他界した。新潟日報の女性記者は2017年4月現在約60人。記者職の4人に1人まで増えたことを伝えたい。

の歩みは期待した速さではない。

日本の衆院に占める女性割合は9・1％（17年7月現在）といまだに世界最低水準。本県の県議会と20市議会の女性比率も1割を切る（16年12月現在）。

時代とともに14年間の歩みを重ねた「女性議員を増やそうネットワークにいがた」は11年に活動を閉じた。女性が選挙に立候補しやすく、議員を続けられる環境をどうつくっていくのか。政党や議会そのものも問われている。

雇用均等法30年

2015（平成27）年は、男女雇用機会均等法が成立して30年の節目に当たった。安倍政権は「女性が輝く社会」を掲げ、同じ年、大企業や国、地方自治体に数値目標の設定を義務付ける女性活躍推進法も成立した。

本紙生活面では「均等法30年」のワッペンを作り、年明けから特集や連載を組んだ。ワッペンにあしらった「W」の文字に「Ｗｏｍａｎ＝女性」と、「Ｗｏｒｋ＝働く」の双方の意味を込めた。同年7月掲載の連載「女性とキャリア―続けるの先に」もその一つだ。担当したのは報道部の宮沢麻子、鶴巻望の女性記者2人。子育ての当事者世代でもある。

連載の前文では、こんな問いを投げ掛けた。「この間、育児・介護休業法などもでき、仕事と家庭の両立を支援する制度は少しずつ整備されてきた。働く女性の姿はごく普通のものとなり、『女性の活躍推進』も盛んにいわれる。でも、結婚、出産といった転機を経た『その先』は見通せているのだろうか」

鶴巻は「制度が整ったからこそ、新しい課題やあつれきが生まれているのではないかと考えた。取材を始めると、女性たちの本音が聞こえてきた」と言う。

連載では、短時間勤務者の周囲への気兼ねや、子どもが小学校に上がる際に直面する「小1の壁」、管理職昇進の時期を迎える世代や就職を控える女子大学生の意識などを伝えた。リアルな等身大の姿が共感を呼んだのか、掲載直後から多くの感想が寄せられた。

この連載から30年前、当時の家庭面には法案成立を受け、「変わる？ 変わらない？ 雇用均等法と女性の職場」と題した連載が掲載された。

意欲そぐ性差の壁
消滅
隠れたしきたり
変わる？ 変わらない？
雇用均等法と女性の職場
平等なんて別世界
現行法の最低条件さえ…
新潟日報
均等法30年
女性とキャリア
続けるの先に
<1>
あつれき
制度充実 価値観に差
人的余裕なく不公平感も

男女雇用機会均等法成立から30年余。本紙は課題や働く人々の本音を探ってきた

農村部の工場で働く女性、深夜業の制限が緩和されるタクシードライバーの女性らが登場し、戸惑いをにじませている。均等法の中身で、最も注目されたのは、従来は規制されていた女性の時間外・休日労働、深

男イズム解体

野沢達雄（論説編集委員）

仕事が一段落すると、食堂のランチタイムは既に終了――そんな事情があって、単身赴任先で弁当を作り始めた。習慣になり、本社に戻ってからも続く。

同人は結構多い。もはや珍しくないはずだが「弁当男子」と呼ぶ人がいる。一方「弁当女子」がほめられたとは聞かない。「イクメン」はあるが「イクレディー」に光は当たらず。

カレンダーをめくるほど簡単に、人の意識は変わらない。

女性の社会進出が進む一方で、本紙記者は男性の在り方も問い続けてきた。

１９９８（平成10）年から99年にかけ、生活面で性差別を考える「男イズム解体新書」を連載した。

バブル経済がはじけ「時間を湯水のごとく使う」男の働き方が限界に達したころである。既婚者、未婚者にインタビューを重ねた。

シリーズ第1部「妻からの三くだり半」では「家族のために働いている」と夫が掲げる金看板がさび付いて、妻からも見限られている実態が浮かび上がった。

全編で指摘したかったのは、根強い性別役割分担意識、家父長制を引きずる習わし、現実に合わない法や制度、古い企業体質…いろいろあったのだが。

あれからおよそ20年。

虐待、暴力、各種のハラスメント、賃金格差、非婚化、過労死…。相変わらず弱いところに痛みが集まるこの社会とは？

国連は２０１５年、「持続可能な開発目標（ＳＤＧｓ）」を採択した。17ある目標のひとつが「ジェンダー平等の実現」だ。調査によれば、日本の現状は「達成までほど遠い」と分類された。

年限は２０３０年。カレンダーは残り少ない。

夜業の制限が大幅に緩和される点だった。

　女性は結婚退社が当たり前とされ、男女で異なる年齢の定年制度を設けている企業もまだ多く残っていた頃。連載の前文で「『男女平等に一歩前進』と国は見るが、『こんな保護抜き平等では、女性はますます働きにくくなる』との声も、働く女性の中からは上がっている。この法律で『平等』は本当に進むのか。結婚退社、差別定年は消えるのか？」と疑問を呈している。

　均等法を契機として、働き方に関するさまざまな企画が展開されるようになった。最近では男性の子育てや育児休業取得などもテーマにしている。

　昭和から平成に移り変わった1989年1～3月に掲載されたのは「男・男・男」シリーズだ。変わらぬ仕事一辺倒、家事や子育て、介護は妻任せなど、男性と女性の間での意識や価値観のすれ違いを描いた。学芸部記者だった箕輪紀子は「いくら女性の意識が変わっても、男性が変わらなければ始まらない。そこを突こうと思った」と振り返る。

　その後、均等法は何度か改正され、育児休業や介護休業もできるなど、制度自体は整ってきた。だが、内実はどうだろうか。

　均等法20年の2005年の連載「揺れる女たち」では、相変わらず出産や育児との兼ね合いで悩む県内の女性たちの姿があった。さらに、それから10年。均等法30年企画を担当した宮沢は「まだまだ女性が働き続けることには困難が伴うと実感した」とわが身とも重ねた。

農家の主婦から経営者へ

姉さんかぶりの手ぬぐい、白いかっぽう着、手にはおむすびやしゃもじ。満面の笑みとともに、農家の女性たちが東京都港区の和食店に登場した。「新潟ライスガールズ」だ。２０１３（平成25）年10月８日、県などが県産コシヒカリのＰＲのために企画した。

その光景を目にした東京支社報道部の高内小百合の胸の内に感慨がこみ上げた。農政担当になった１９９２年、田んぼや畑では男性たちと同様に額に汗する女性たちの姿があったのに、県やＪＡなどの会議では女性が皆無のことも多かったからだ。スポットライトを浴びる姿が一段と輝いて見えた。

新潟ライスガールズは、農業経験豊富な50～70代の農家の女性がメンバーだ。県産米のおいしさを対面ＰＲするのに最適だからと、協力を求められ結成された。「おむすびだと米の良しあしがよく分かるでしょう」と、来場者の目の前で作って振る舞った。

プロモーションビデオも作成されインターネットで配信もされている。「こんなふうに脚光を浴びる時代が来るとは思わなかった」。ガールズの一人、大坂昌子（新潟市）がしみじみ振り返った。

農業女性の活躍の場は、生産者が栽培や飼育から加工、販売までを行う「６次産業」という言葉の登場とともに広がっていった。紙面では１９９７年３月に社説で初めて紹介された。ガールズは加工、直売、民泊などの形で経営多角化に取り組んできたさきがけでもある。

それと並行するかのように、農業に従事する家族全員の労働条件や役割分担などを文書で取り決める「家族経営協定」が浸透し始め、農業女性の地位向上の力にもなった。家族経営協定を取り上げた２００５年４月の記事には「収益を1年間通じてどう配分していくかなど、計画的に考えられるようになった」という57歳の女性のコメントが紹介されている。

農業現場のこうした動きは、紙面での呼称にも影響を及ぼすようになった。「農家の主婦」に代わって「農業女性グループ」など別の表記が使われる機会が増え、「農家の主婦」は次第に減っていった。

男女雇用機会均等法（１９８６年施行）が社会に広く認知されるとともに、「主婦」というより農業に携わる職業人と捉える層が厚くなっていったことも大きい。時代の要請でもあった。

農業の担い手として女性の力が欠かせなくなっている実態に合わせ、決定権のある場に女性を送るべきだという流れもできてきた。本県農業委員会では16年10月現在69人（８・３％）が女性で、「男がなるもの」という意識も徐々に変わりつつある。

職業としての農業に可能性を見いだした若い女性の参入も目立つようになり、「農業女子」という言葉も生まれた。十日町市の佐藤可奈子もその一人だ。佐藤は14年３月から生活面の連載で農業の魅力を発信している。農業委員でもある。

同年10月には佐藤も参加し、民間企業主催の「アグリビジネスサミット」が新潟市で開かれた。

起業や6次産業化に取り組む5人の女性の報告を本紙は伝えた（10月4日）。その中の一人が、もうかる農業に道をつけ後継者が生まれることが「本当のアグリビジネスだと思う」と発言している。

女性たちの力が農業の発展や再生の鍵を握る。そんな時代を迎えている。

新潟発の支え合い

新潟の女性の思いが発端となって全国に広がった支え合いの仕組みがある。地域の高齢者らの集いの場、「地域の茶の間」である。県によると2017（平成29）年3月現在、新潟県内に2145カ所。全国では数万カ所に上るといわれている。

1997年11月16日、新潟市中央区山二ツの自治会館に地域住民の寄り合いの場が開設された。仕掛けたのは当時、新潟市で有償の助け合い活動「まごころヘルプ」を率いていた河田珪子だ。介護や食事作りをする中で、お年寄りの孤独や寂しさを目の当たりにした。高齢者らが自由に過ごせる居場所が必要だと考え始めていた。

初寄り合いの模様を編集委員の鶴橋健司がリポートした。「だれでも気軽にお茶を飲み、おしゃべりを楽しむ〝地域の茶の間〟の誕生である」（11月22日）。

河田はこのネーミングが気に入った。いったんは「茶の間」に決めた名前だが、「地域の」という言葉によって社会性が加味されると感じた。

鶴橋は司法担当など報道部や整理部記者のキャリアが長かった。福祉を取材テーマに据えたのは老いた母親の介護が始まった50歳頃からだ。時代は介護保険制度の導入前夜。急速な高齢化が社会問題として迫っていた。同僚だった望月迪洋が振り返る。「彼は、河田さんと出会い、介護の問題は地域の一人一人が手をつながなければ前に進まないと考えたんじゃないか」

99年11月、鶴橋は胃がんのため55歳で他界した。友人代表として河田が弔辞を読んだ。

河田が最初に手がけた「まごころヘルプ」の誕生にも、本紙が関わっている。

89年9月、家庭欄連載「おんな40代」に河田が登場した。企画・執筆したのは簑輪紀子。河田は親の面倒をみるため大阪府高槻市の特別養護老人ホームを退職、家族を残し帰郷して半年足らずだった。

「働き続けてきた同性の女たちが、親の介護のために仕事を辞めなくて済むよう、有償の介護制度を作れないものだろうか？　その中で自分も生かせたら」

このインタビューが紙面に載ると、「連絡先を教えてほしい」と学芸部に電話や手紙が相次いだ。反響の大きさに簑輪は驚いた。河田に共感して集まった女性たちが、その後、まごころヘルプの中核的存在になっていった。

もう一つ、新潟女性が原動力となって生まれた支え合いがハートリンク共済だ。小児がん経験者に入院見舞金などを給付している。

家事レポート50年

石原亜矢子（報道部）

生活評論家吉沢久子さんのコラム「家事レポート」は、2017（平成29）年で開始から50年を迎えた。愛読者は多い。99歳となった吉沢さんは、著書や雑誌のインタビューでこのコラムについて、「書くことが、生きがい」と紹介している。

スタートしたのは1967（昭和42）年の高度経済成長期。初回は「電波で料理をする」と題し、都内のデパートに並び始めた家庭用電子レンジを取り上げた。

新潟に縁のなかった吉沢さんが本紙に原稿を執筆するきっかけをつくったのは、東京支社に在籍していた石川宮子（故人）だった。戦後間もないころ、夫で文芸評論家古谷綱武さん（故人）の連載依頼に訪れ、夫婦ともども親しくなったそうだ。吉沢さんの自宅に伺うたび、「宮さん」の仕事ぶりを聞かせてもらった。

家事の合理化、食べる楽しみ、介護の問題、老いの実感、平和への思い…。テーマをたどれば、家事レポートの50年はそのまま女性の生き方、暮らしぶりの変化を映し出しているように見える。ずっと仕事をし、日々の暮らしを大切にしてきた人らしく、「案外大変なものなのに、男の人なんかは『家事なんて』と言うでしょう?それが嫌で、何とか認めてもらいたいなと思っていました」とにこやかに語る。

年を重ねても好奇心を忘れず、本紙の小さな投稿欄にまで目を通した。月日の流れの中で、自身が老いと向き合う様子が書かれることも増えた。「新潟との付き合いが深くなり、まるで親戚のように思っています。家事レポートと一緒に年を取ってきた感じです」と、半世紀を振り返った。

医学の進歩によって小児がんは7、8割の治癒率が望めるようになった。一方、生命保険の加入は困難な状況が続いていた。

事業を行う任意団体「ハートリンク」は共済の加入者募集を2005年8月に開始した。8月2日の本紙は事務局長の林三枝の言葉を伝える。「つらい治療を乗り越えた人たちが、困らないで生きていける手助けをしたい」。娘が小児がんを経験していた。小児科医らと4年がかりで実現にこぎつけた。

加入者は17年3月末現在、全国で約520人に。13年には新潟日報メディアシップに、小児がん経験者の就労支援をする喫茶コーナー「ハートリンクカフェ」がオープンした。

地域の茶の間もハートリンク共済も、大切な社会資源に育っている。

第9章　スポーツ　――熱き思いを

真剣勝負だからこそドラマが生まれる。本紙はそのドラマを追いかけ、選手、県民と共に一喜一憂してきた。新潟のスポーツ界は戦後、長い低迷期はあったものの2002（平成14）年サッカーW杯を境にサッカー、バスケットボール、野球のプロチームが誕生するなど大きく変わった。だが選手に接する記者たちの「新潟よ頑張れ」の思いは、今も変わることはない。喜怒哀楽が行間に詰まった記事が読者を熱くさせる。

新潟国体開会式（1964年6月6日、新潟県営陸上競技場＝当時）

焦土の中から復活

新潟日報が創刊された1942（昭和17）年11月には太平洋戦争の戦況は悪化、スポーツを楽しむ時代ではなくなっていた。甲子園を沸かせた全国中等学校野球は春、夏とも42年から中断、東京六大学野球も43年4月にリーグ解散命令が下され、同年10月16日、出陣学徒壮行早慶戦で戦前の大学野球の幕を閉じている。

また、現在の国民体育大会にあたる明治神宮大会も42年には体育大会が錬成大会と名を変え、陸上や水泳に交じって戦場運動や行軍訓練などという種目も組み込まれた。

43年の神宮大会を報じた本紙の見出しを拾ってみると、夏季大会は「海国日本の錬成譜」（8月22日）、秋季大会は「決戦へ弾む闘魂」（11月4日）。華やかなスポーツ大会からは程遠いものだった。

長い戦争が終わって本紙にスポーツの生ニュースが初めて掲載されたのは1945年10月5日、米大リーグ（MLB）のワールドシリーズ初戦の結果である。「シカゴ先勝　世界野球選手権試合」の1段見出しで、シカゴ・カブスとデトロイト・タイガースの試合の模様を伝えている。わずか2カ月足らず前までは「鬼畜英米」だの「敵性競技」と叫んでいたのだが…。

次に登場したのは大相撲。11月16日から両国・国技館で10日間行われた秋場所だ。10戦全勝で優勝したのは西蒲松長村（現新潟市西蒲区）出身の横綱羽黒山。郷土力士だけに2段見出しを掲げ、羽黒山の優勝を報じている。

本格的にスポーツが紙面をにぎわすのは46年から。戦争で中断されていた中等学校野球（甲子園）や東京六大学野球などが焦土の中から復活する。プロ野球も3月27日にペナントレースが再開された。

8月11日には新潟市白山球場で大阪タイガース対東京セネタースの公式戦が行われている。その前座試合としてオール新潟が、タイガーズ・セネタース連合軍（控え選手）と戦ったのだが、紙面では前座試合が大きく扱われ、藤村富美男、土井垣武らスター選手が名を連ねた公式戦は付け足しといった感じで扱われていた。いまだプロよりアマチュアの時代だったのだ。

再開した夏の甲子園大会の予選となる新潟大会決勝が7月28日、同球場で行われた。29日の本紙は「新中に栄冠」の見出しの下、新潟中が柏崎中に14－1で大勝したことを伝えるとともに、以下のような審判長評を掲載した。

「長い戦争のため各チームともレベルの落ちたのは否めない事実で、このため失策、野選が続出した。ただ、資材不足、練習不足、食糧不足の悪条件を克服して、元気いっぱい戦ってくれたのはうれしかった」

試合内容は二の次、ともかく野球がやれる喜びにあふれた談話だ。

第1回国民体育大会も11月1～3日、京都府を中心に行われた。それに先立つ9月28、29日には新潟市で県予選を兼ねた県民総合体育大会が開かれ、29日本紙は「新しい民主日本の祭典　競

う県下の若人　新潟で国民体育絵巻」の4段見出しを掲げ、大々的に報じている。写真も開会式、女子砲丸投げ、相撲の3枚を添える破格のものだった。

国体には本県からは陸上、バスケットボール、体操、テニス、卓球、相撲の6競技に78人が出場した。大会には記者、カメラマンを派遣、連日県勢の活躍ぶりを伝えた。

戦前は陸上やバスケット王国といわれた本県だったが優勝はゼロ。大会後の総評に掲げた見出し「祟《たた》る戦時中の空白」に無念さがにじんでいた。

戦後復興の原動力

終戦からしばらくの間、新聞は用紙の事情もあって表裏2ジペーのペラ1枚。それでも大会が集中した土、日曜の翌日の紙面では、記録コーナーを設けるなど、スポーツ報道に力を入れていた。

敗戦の虚脱感、戦争が終わった解放感…そんなさまざまな思いの中で、スポーツの力が大きく発揮された時ではなかったか。戦後復興の原動力としてスポーツ報道は大きな意味を持っていたといえる。

本紙夕刊の前身である「夕刊ニヒガタ」は1947（昭和22）年1月、「郷土スポーツ新生の抱負」と題し、各競技団体の幹部ら関係者による座談会を上、下で連載している。

その前文の書き出しは「戦時中は軍国一色に塗りつぶされてベースボール、バスケットボールなどの名前を口にするさえ遠慮しなければならぬような状態であったスポーツは、終戦後再び華々しく復活してきた…」。

同紙は4月にも関係者を招いての「スポーツ座談会」を4回にわたって連載している。本県の現状と将来展望を関係者に語り合ってもらったものだ。その中で指摘されたのが、本県の施設や指導者などスポーツ環境の脆弱《ぜいじゃく》さだった。この点については、その後も長い間、事あるごとに語られることになる。

一方、競技力アップの方策として、郡市対抗の駅伝競走や陸上、競泳の10傑表彰などが論じられ、新潟日報社の協力も提言された。そこから生まれたのが、現在も続いている県縦断駅伝であり、新潟日報標準記録突破者の表彰や陸上、競泳10傑の紙面掲載などである。

また、77年には新潟日報スポーツ賞が創設され、全国大会などで好成績を収めた選手らを表彰、本県アスリートの大きな励みとなっている。

東京・新潟駅伝　観衆で埋め尽くされたゴール地点の新潟日報旧本社（新潟市東中通）前。各都県選手のラストスパートに大きな声援が送られた（1959年10月11日＝第1回大会）

第1回の郡市対抗駅伝は48年5月2日。県陸協、県連合青年団、新潟日報社の共催で「新憲法1周年記念」の冠を付け、長岡－新潟間（42マイル＝約67・5キロ、

6区間）でタスキをつないだ。

参加したのは新潟、長岡、新発田、柏崎、三条、北蒲、西蒲、南蒲、西蒲、東蒲、北魚の11郡市。長岡市が4時間22分45秒で第1回大会を制した。

第17回からは新井－新潟間に距離を延長、2日間にわたる大会となり、文字通りの県縦断駅伝として今日に続いている。ただ、その始まりが「新憲法1周年記念」だったということを知るものはほとんどいない。

新潟日報社が関わったもう一つの駅伝に、都県対抗の「東京・新潟本州横断駅伝」があった。国道17号の三国トンネルの開通（59年6月）を記念して、10都県が参加し、その年の10月8～11日に第1回大会が開催された。

東京・丸の内の東京都庁（当時）前をスタートし、ゴールは新潟市東中通の新潟日報本社（当時）前。全長約380キロ、4日間（第2回からは3日間）でのタスキリレーだった。

上州、越後路の秋の風物詩となっていたが、交通事情などにより惜しまれながら78年の第20回大会で幕を閉じた。

最後の大会を取材したスポーツ担当の種田和義は「長野国体の取材を終えて、その足で東京に行き、報道車に揺られ3日間かけて新潟に帰ってくるという強行軍だった。本社にたどり着いたときはくたびれ果てて原稿がなかなか進まなかったことを覚えている。取材の方は繰り上げスタートあり、一斉スタートありで、伴走していても実際の順位がどうなっているのかが分からず苦労した」と振り返っている。

土台を築いた補強教員

東京五輪を5カ月後に控え日本中が沸き立っていた。そんな中で開かれたのが1964（昭和39）年6月の新潟国体（東京五輪のためメイン大会を秋から春に変更）である。高度経済成長の真っただ中、すべてがイケイケの時代、本県が掲げた目標は過去東京都がほぼ独占していた天皇杯、皇后杯の獲得だった。

もちろん本紙も全社挙げて支援態勢を敷いた。前年の4月には運動部を新設、強化合宿や強化試合などをきめ細かく追ったほか、週に1度国体に向けた特集ページを設けるなど、機運の盛り上げを図った。

県の強化方針は教員（当時は単独種別として教員の部があった）と高校生の底上げ。総合優勝は、得点源であり指導者ともなる教員を県外からどう引っ張ってくるかにかかっていた。

強化担当者らによる座談会（64年1月3日本紙）で、県国体事務局競技部副部長の桝屋俊一は「『本県は4～5位（天皇杯）になれば上出来』と同情を集めてスカウトしているのが実情」と語っている。

大学のOBなどを頼って、これと目を付けた選手に猛アタックをかけたのだ。そのかいあって新潟国体に向けての補強教員は80人を超えた。国体が終わるとその半数は、故郷などに帰っていったが、この強化方式は新潟以後も受け継がれ、天皇杯獲得の方程式の一つとなった。

新潟国体から30年目の94（平成6）年6月、連載「新潟スポーツ人間録～新潟国体編」で新潟に根を下ろした補強教員に話を聞いている。

ほぼ全員が新潟に来た経緯を「大学の部長や監督に言われ」「新潟の関係者にしつこく誘われて」「先輩の一言で」と語っていた。

そこは体育会系である。部長、監督や先輩の勧めは「命令」と同じ。地元での教職の内定を断って、泣く泣く新潟にやって来た者も少なくなかった。

ただ、新潟に残った教員は指導者として競技力アップに力を注いだ。ラグビーの山中直樹（東京都出身）、サッカーの沢村哲郎（群馬県出身）、水球の内田力（愛知県出身）らである。

山中は67、74年度に全国高校選手権で新潟工高をベスト4に導くなど強豪校に育て上げた。新潟工高の活躍で歴代スポーツ担当は正月を大阪・花園で迎えることが恒例となった。

沢村も新潟工高サッカー部を全国大会常連校に導くとともに、新潟日報旗争奪高校サッカー大会の創設を働きかけるなど、本県サッカーの底上げに奔走した。後に県、日本協会の幹部として2002年W杯新潟開催やアルビレックス新潟の誕生に深く関わることになる。

内田は柏崎高を国体の大本命に仕上げていたが、新潟地震で夏季大会が中止となり、「何のために新潟にやって来たのか…」と後年、その悔しさを吐露していた。

東京都以外で初めて天皇杯、皇后杯を獲得して意気揚々だった本県スポーツ界だったが、閉会式の5日後の6月16日に襲った新潟地震が、勝利の余韻をすべて吹き飛ばしてしまった。

その場しのぎ的な強化とその後の衰退など、とかく負の面で語られることが多い新潟国体だが、補強教員がいなかったら、アルビレックス新潟やブルボンウオーターポロクラブなども存在せず、本紙のスポーツ面は、随分と味気ないものになっていたのではないだろうか。

ちなみに、運動部は新潟地震とともに、その年の9月に報道部に吸収され、わずか1年半で姿を消した。

長いトンネルを抜けて

夏の甲子園の組み合わせ抽選会。初戦の相手が新潟代表と決まると、対戦相手は「よし、頂き…」。そのうれしそうな表情に、歴代スポーツ担当記者は、何とも言えぬ悔しさを味わってきた。甲子園での昭和の県勢の戦績（春、夏通算）は7勝26敗、初戦敗退率は実に8割を超す。そもそも１９２６（大正15）年を最後に、県勢は甲子園とは全く無縁だった。

昭和に入って初めて甲子園の土を踏んだのは、58（昭和33）年春の選抜大会の新潟商である。前年10月に新潟市白山球場で行われた北信越大会で、新潟商が決勝で岡谷工（長野）を延長で下し、32年ぶりの甲子園出場を確実にした。

年明けの1月30日、選考会議で北信越代表として正式決定、「戦後、高校大会となってからも甲子園に姿を見せないのは新潟県だけ」（1月31日本紙）という汚名をようやく返上、長いトンネルを抜けることになる。

本紙としては初めての甲子園取材である。県大会から取材をしていた畠田俊が甲子園へ同行した。初戦（2回戦、4月6日）の相手は済々黌（熊本）、善戦はしたものの0－4で力負けした。畠田は試合後の評で本県勢のひ弱さを指摘するとともに、「技術面ではバント練習をもっとするべきだ。甲子園では好投手がバント戦法の前に崩れ去った例も多い」と本県高校野球の進むべき方向を説いていた。

その徹底したバント戦法で甲子園を沸かせたのが、84年の夏の大会でベスト8入りした新潟南だった。四半世紀の時を経て、新潟南ナインが畠田の論を実証して見せたといっていい。

済々黌は準々決勝で、前回大会優勝校早稲田実業（東京）のエース王貞治を打ち崩し、勢いに乗って優勝をさらった。また、この大会には後に日本文理の監督となる大井道夫が、2年生ながら宇都宮工（栃木）の3番右翼手として出場している。大井は翌59年の夏にエースとして同校を準優勝に導いた。

新潟商が甲子園の土を踏んだ前日（4月5日）、プロ野球の開幕戦で、ルーキー長嶋茂雄が金田正一にきりきり舞いさせられ、甲子園では2回戦で王が大会第1号本塁打を放っている。

6日のスポーツ面には「金田、巨人をひねる　長嶋4三振」「王（早実）逆転ホーマー」の見出しが躍り、それに挟まって「きょう新商、済々黌と対戦」である。本県だけでなく、日本球界に

記憶に残る鮮烈な戦い

土田茂幸（論説編集委員）

甲子園球場が日本文理ナインを応援しているようだった。第91回全国高校野球選手権大会決勝（2009年8月24日）。日本文理は敗れたものの、強豪・中京大中京（愛知）にひたむきに立ち向かい、崖っぷちから相手を追い詰めた。記憶に残る鮮烈な戦いぶりは、「驚異的な粘り」「不屈」と言われた。

春、夏を通じて県勢初の甲子園決勝。試合は日本文理が六回裏に6失点した。「決まったな」。記者席の隣に座っていた日本野球連盟の理事がつぶやく。誰もが勝負が決したと思うほどの大差になった。

点差が縮まらないまま4―10で迎えた九回表。2アウトランナーなし。ここからが日本文理の見せ場だった。切手孝太選手が四球を選ぶと、連打で4点差に迫った。さらに連続四死球で満塁。打席に立った伊藤直輝選手が、2点タイムリーを放ち、スタンドからわき起こった「伊藤」コールの大声援に応えた。

代打の石田雅俊選手が安打し、9―10。大逆転へ期待が膨らむ中、続く若林尚希選手のバットが快音を響かせた。が、打球は三塁手のグラブに収まり、試合が終わった。

甲子園が応援しているような雰囲気をつくり出したのは、日本一を目指し、勝負を諦めなかったナインのひたむきさだ。試合を終えた両チームの選手たちの表情は、どちらが勝者か、敗者か分からないほど。

初優勝を逃した悔しさ、無念さはあっただろうが、高校野球の聖地で、戦いを楽しみ、やり尽くしたのは日本文理だった。地元の身びいきを差し引いても、2009年、夏の主役は、日本文理だったことは間違いない。

熱闘の余韻の残るグラウンドで、選手や大井道夫監督にそう思いながら取材していた。

とっても節目の春だった。

本県は平成になっても弱小県を返上できず、84年の新潟南のあとは連戦連敗、ようやく93（平成5）年夏に新潟明訓が初戦突破、94年夏に中越が2勝と光が差したかにみえたが、その後はまたトンネルに突入、「甲子園で勝ち原稿を書いてみたい」というのが、スポーツ担当の願いとなっていた。

ところが21世紀に入ると新潟の高校野球の景色がちょっと変わってきた。大井が率いる日本文理の躍進である。２００６年、それまで県勢未勝利だった春のセンバツでベスト8入りすると、２００９年の夏には、あれよあれよという間に決勝までコマを進めた。優勝こそならなかったものの、中京大中京（愛知）との最終回の手に汗握る攻防は、全国の野球ファンをテレビの前にくぎ付けにした。

一つ勝てば大騒ぎ、二つ勝てばお祭り騒ぎだった昭和の記者には目を疑うような快進撃である。号外はもとより、朝刊は一面と最終面をぶち抜きにする破格の扱いとなった。県代表が全国制覇を成し遂げた暁には、どんな紙面になるのだろうか。

「北」の動向に右往左往

本県で初めて行われた国際的な選手権大会が、１９８８（昭和63）年5月15～22日に新潟市産業振興センターで行われたアジア卓球選手権大会である。27の国と地域から約３００人の選手団が新潟にやって来た。

国際大会といえば「友好」や「交流」といったものが常套句《じょうとうく》で、大会スローガンも「深めようアジアの友好　新潟で」だった。しかし、この大会はそれだけでは済まされなかった。

なにしろ時期が悪かった。前年11月、北朝鮮による大韓航空機爆破テロがあり、北朝鮮には国際社会から制裁が科せられていた。その北朝鮮選手団がやって来た。さらに80年から続いていたイラン・イラク戦争の当事国も参加した。

しかも3カ月後にはソウル五輪が控えていた。東西冷戦の中、スポーツもいや応なしに政治の渦にのまれ、前々回（80年）のモスクワ、前回（84年）のロサンゼルスと2大会続けて、東西両陣営がボイコットし合う異常事態となっていた。

ソウル五輪は8年ぶりに両陣営が顔をそろえる、真の平和の祭典になるはずだった。そんな中で世界が注目していたのが北朝鮮の動向だ。「ソウルに北朝鮮選手団が姿を見せるのか…」である。

その南北が新潟で相まみえる。一触即発―何が起こっても不思議ではない。集まった報道陣は国内外から約50社、４５０人。紙面でも「異例の大取材陣」の見出しの下、「関心はイランとイラク、韓国と北朝鮮、中国と台湾をめぐるピンポン外交」と報じた。

実際、さまざまなことが起こった。大会前日には、南、北選手団が宿舎（ホテル新潟）での朝食

アジア卓球選手権　本県で初めて行われたスポーツの本格的な国際大会は北朝鮮の動向に翻弄される苦いものとなった（1988年5月、新潟市産業振興センター）

の際に顔を合わせ、団長同士が握手を交わしたといっては大騒ぎし、開会式の入場行進の順番をめぐっては、イラクが「イランのすぐ後ろとはけしからん」と、クレームをつけるといった具合である。

また、右翼の街宣車が会場周辺に大挙来襲、大会初日に宿舎から会場に向かう北朝鮮選手団のバスに詰め寄って、車両をたたくなど大会関係者をヒヤリとさせる場面もあった。

極め付きは団体戦を終えた北朝鮮選手団が、個人戦を戦わずして突如、帰国してしまったことだろう。「制裁措置の中、特例として入国を認めた北選手団が、朝鮮総連などによる歓迎昼食会（19日）に出席することは好ましからず」との法務省の横やりに抗議してのボイコットだった。

本紙にとっては、そんな状況下での取材は初めてである。スポーツ担当を含め報道部フリー総動員といった感じだったが、問題は言葉の壁。朝鮮語を話せる者は誰もおらず、英語も片言ではまともな取材はできない。ただドタバタしていたのが現実だった。

4月に入社したばかりの松島伸子は、新潟大で卓球部だったこともあり、報道部に配属されるとともに、取材チームに組み入れられた。「右も左も分らないまま、先輩の後にくっついて動いていた。北朝鮮が途中で帰ってびっくりさせられた」

特に印象に残っているのは女子団体決勝の韓国－北朝鮮戦。「南北対決で会場が異様な雰囲気となり、選手はガチガチになっていた。見ていてあんなに緊張したのは初めてだった」と語っている。〝場外〟の騒々しさが際立った大会だったが、国際情勢の厳しさや真の国際化の意味など、教えられたものは多かった。

「不毛の地」に奇跡が

日本サッカー協会が１９９１（平成３）年６月、２００２年ワールドカップ（W杯）の招致委員会を発足させ、各自治体に国内開催地を募った。これに応えて県サッカー協会が７月、県議会に招致の請願を行ったのが、事の始まりだった。

92年６月、県議会が招致決議、同７月に立候補届提出となるのだが、当時の日本はプロリーグもなく、W杯にも出場したことがないサッカー後進国。「本当に日本でやれるのか」という危惧の声の方が多かった。「サッカー不毛の地」とさえいわれていた、本県ではなおさらである。

県議会の招致決議を受けて、７月２日の本紙では「招致の課題を探る」として、「招致活動費（各自治体負担２億５０００万円）にリスク」「会場建設費など膨らむ負担」などの問題点を挙げ、

「市民合意が不可欠」と報じた。リスクの高い、バブル的な夢物語ではないかという県民の多くが抱いた思いを代弁したものだった。

立候補したのは本県をはじめ15自治体。韓国との激しい招致合戦の末、95年5月、国際サッカー連盟（ＦＩＦＡ）が下した決定は「日韓共催」だった。これにより、国内は10会場に絞り込まれることになり、「不毛の地・新潟」は落選候補の最右翼と目された。

ただ、新潟の優位性は日本海側で唯一の立候補地であったことだ。15自治体が疑心暗鬼の中、紙面では「日本海側唯一」「韓国との往来の利便性」の言葉が頻繁に登場、ともかくこの一点に新潟の希望を託した。

96年12月25日。東京都内で行われた日本協会理事会で、愛知県との決選投票の末、新潟開催が決まった。決め手は北信越地区選出理事の沢村哲郎（当時県協会理事長）の「日本海側にも光を」の痛切な訴えだった。

「当選」の報とともに、新潟市古町の祝賀会場では本紙号外が配られ、県協会長の真島一男、県知事の平山征夫らがくす玉を割り、多くの市民が喜びを分かち合った。「不毛の地の奇跡」ともいえるものだった。

そのころ、理事会の取材を終えた土田茂幸は、沢村とともに上越新幹線の中にいた。「沢村さんは隣の席に座らせてくれ、缶ビールで祝杯を上げた。よほどうれしかったらしく、車内では沢村さんの独演状態だった」という。

2002年の本番まで5年半、時間はあっという間に過ぎる。2000年には21世紀最初の世界的イベントに向け、全社的なプロジェクトチームが立ち上げられた。とはいえ、この時点では県民の関心は高まっていたとは言い難かった。

時間がない中、紙面を通してどう盛り上げを図っていくか。「事あるごとに特集を組む」「とにかく『W杯』の文字の露出を」で意思統一、開催地の地方紙との記事交換を行うなど、〝未知との遭遇〟に向けて準備を進めた。

2002年6月1日、アイルランド対カメルーン。前日のソウルでの開会式・開幕戦に続いて、日本でのW杯が新潟で幕を明けた。3日にはメキシコ対クロアチア。そして6月15日は決勝トーナメント1回戦のイングランド対デンマーク。

アイルランド、メキシコ、イングランドは来日サポーター数の上位3チーム。しかもイングランドにはスーパースターのベッカム選手がいる。新潟の街は各国サポーターであふれ、経験したことのない空間をつくり出した。

あっという間の2週間だったが、PDF号外を含め期間中は全社総動員で、紙面もW杯で埋め尽くされた。「これぞ世界のお祭り」―その現場に身を置けたことは、本紙にとって得難い経験だった。

共に歩んだサクセスロード

アルビレックス新潟がまだアルビレオと名乗っていた１９９６（平成８）年10月、神奈川に遠征し、ベルマーレ平塚と横浜マリノスのサテライトチームと練習試合を行ったときのことである。

同行取材してきたアルビ担当の桐生繁利が、「ベルマーレのサポーターの女の子が、試合を見ながら『エロビデオとかいうチームと試合している』って電話しているんですよ。頭にきました」――。当時のアルビはそんなものだった。

そもそもアルビの誕生はサッカーの２００２年ワールドカップ（Ｗ杯）国内開催地招致の副産物だった。招致活動が佳境に入っていた94年、「Ｊリーグを目指すチームがなければ具合悪かろう」ということで、急きょ県トップチームの「新潟イレブン」に白羽の矢が立てられ、プロ化に向かわせたのだ。

そのあたりの事情については94年12月5日夕刊の「掛け声先行　遠いゴール　Ｗ杯招致で急浮上　選手に戸惑い」に詳しいのだが、Ｊリーグは雲のはるか上の存在で、チームは北信越リーグで戦うアマチュア集団でしかなかった。

アルビレオ新潟ＦＣと名を変えた95年シーズン。北信越リーグ開幕前の4月、「ゴールはＪだ　躍る闘志」のカット見出しの下、華々しくアルビレオ新潟デビュー特集（４ページ）が組まれている。

悲願のＪ１昇格をＪ２優勝で決めたアルビレックス新潟。４万人の観衆と喜びを分かち合うアルビ・イレブン（2003年11月23日、ビッグスワン）

海のものとも山のものとも分からない状態ながらも、W杯誘致のためにと、スポーツ担当も全面支援態勢を敷いた。

96年に正式にプロ・クラブとしてスタート、北信越リーグは優勝したものの、ＪＦＬ（日本フットボールリーグ）昇格をかけた全国地域リーグ決勝大会では、１次リーグで敗退した。地域リーグ唯一のプロチームとして注目を集めてはいたが、プロとしての実力を伴うものではなかった。

当時、夕刊の「すぽーつニイガタ」欄でアルビコーナーを設け、厳しさを前面に出して、尻をたたき続けた。天皇杯1回戦で福岡大にPK戦で敗れると「まさかの黒星　プロの意地どこに」、全国社会人選手権大会の準々決勝で藤枝市役所に負けると「学生に続いて公務員にも…」といった具合に。

W杯招致に失敗すれば、アルビもどうなることやら。新潟に初めてできたプロチームを何とかし

取り戻せ「新潟の誇り」

市野瀬亮（本社報道部）

歴史的瞬間を待ちわびるビッグスワンは、熱気というより、緊迫感に包まれていた。２００３（平成15）年11月23日、Ｊ１昇格をかけた最終節大宮戦。前半10分に先制点を奪ったものの、その後は防戦一方。相手シュートが放たれるたび、超満員４万２２２３人のスタジアムに悲鳴がこだました。

反町体制３年目の03年は勝負の年だった。４位、３位と一歩ずつ階段を上り、このシーズン前には初めてブラジル合宿を敢行するなど、並々ならぬ決意で臨んだ。応援は過熱し、「アルビ」が家庭や職場で話題に上り、選手は子どもたちの憧れになった。

「スーパーで、サッカーを知らなさそうなおばあちゃんから『監督、頑張って』って声をかけられた。俺たちの仕事は〝まちおこし〟でもあると感じたよ」（反町康治監督）。ひたむきに戦い、プライベートでも市民に気さくに応じる選手、監督。Ｊリーグが掲げる地域密着の理念を体現していった。

試合終了の瞬間、重圧から解放された選手たちは顔を覆い、ピッチに泣き崩れた。虎の子の１点を全員守備で守り抜き、Ｊ１昇格、Ｊ２優勝を成し遂げた。山口素弘主将の「声援が自分たちの力以上のものを出させてくれた」という言葉は、社交辞令ではなかったはずだ。

歓喜から14年。Ｊ１定着を果たしたはずの新潟だったが、成績、集客ともに苦戦し、Ｊ２降格の試練に直面している。

「新潟の誇り」と呼ばれたチームをどう再生していくか。地域に愛され、溶け込むクラブという功労者たちが築いた原点を、今こそ思い出すべきだ。

たいという気持ちが、辛口にさせたといっていい。「とにかく『アルビ』を紙面に出して盛り上げよう」が、スポーツ担当の総意だった。

96年12月、２００２年W杯新潟開催が決まる。そして97年12月、日本サッカー協会理事会で地域に密着したクラブづくりと関係者の熱意が評価され、99年からスタートするJリーグ２部（J２）への参加が承認された。

悲願のJリーグ入りである。ただ、紙面ではスポーツ面で「J２入り承認」をさらりと伝えただけ。その後の展開を考えると、意外なほど冷静に見えるのだが、決定時点では、まだ地域リーグの弱小チームでしかなく、他は全てJFL所属クラブだった。

Jリーグ入りの喜びよりも、「こんなんで本当にやっていけるのだろうか」という不安の方が大きかったのだろう。そんな思いが伝わる紙面での扱いとなっていた。

98年にJFLを経験した後、99年からJ２、そして２００４年にJ１昇格と、アルビのサクセスストーリーは続くのだが、「新潟がやれたのだから」と、地方からJリーグを目指すクラブが続々と現れることになる。その意味でもアルビの挑戦は、日本サッカー界に大きな刺激を与えるものだった。

行けぬなら国際電話で

1951（昭和26）年のIOC総会で敗戦国日本の復帰が認められ、52年2月のオスロ冬季五輪から戦後の日本の五輪が始まった。開会式の模様を伝える本紙の見出しは「16年ぶり聖火の感激」。国民もようやく平和な時代の到来を実感し始めたころだった。

その年の7月のヘルシンキ夏季五輪には本県からレスリングの霜鳥武雄が出場、県民の期待を一身に集めたが、現地からの記事は全て共同通信からのもの。とはいえ何とか霜鳥の肉声を県民に届けたいと考えだされたのが国際電話でのインタビューだった。

ベルリン五輪（36年）で5位の風間栄一を本社に招き、ヘルシンキに電話をかけてもらった。それも午前4時前（現地時間午後9時すぎ）。「試合を翌日に控えた霜鳥を日本選手宿舎に呼び出し、同選手の調子と決意を聞き、『ベストを尽くして戦え』と熱望する県民の期待を伝えた」（7月21日夕刊）。

日本レスリングの草分け的存在だった風間が新潟にいたからこそできたことだった。国際電話作戦はメキシコ大会（68年）で体操の加藤沢男、レスリングの宗村宗二が本県選手として初めて金メダルを取った際にも敢行された。

加藤が個人総合で連覇したミュンヘン大会（72年）では、村松町（現五泉市）の加藤の実家に臨

躍動したメダリストたち

野瀬和紀（長岡支社報道部）

身震いしながら取材した。メモを見返すといつもより文字が大きく、筆圧が強い。

県人が冬季大会で初めてメダルを獲得したソチ五輪。それまで4位が最高という県勢の壁を打ち破る銀1、銅2の計3個の歴史的なメダルに、高揚感を抑えることができなかった。応援に駆け付けた選手の家族とともに喜び、泣いた。

3人のメダリストはソチ入りしてからも自然体。五輪独特の雰囲気にのまれていなかった。自らを信じて躍動する姿は頼もしく見えた。

「メダルに触ってください」。贈呈式直後の取材で、首から銅メダルを下げたジャンプ男子団体の清水礼留飛選手（妙高市出身）が声を掛けてくれた。全てを懸けて競技に取り組み、苦悩する姿も見てきただけに、とても重かった。

選手生活に区切りを付けた選手も印象に残っている。バイアスロンの井佐英徳選手（小千谷市出身）。県勢最多に並ぶ4大会連続の五輪出場だった。レース後、涙声で取材に応じた。それでも最後には、達成感がにじむ表情を見せてくれた。苦難の道のりでも続けることの大切さを身をもって示していた。

県勢10選手が出場したこともあり、約20日間の滞在で休みはなかった。県人がメダルを獲得した日は徹夜した。それでも、現地で疲れを感じることはなかった。力を振り絞る選手の姿と、時代の証言者としての責任が、背中を押してくれたのだと思う。

時電話を設置して喜びの声を聞いている。

新潟国体が終わって４カ月後の64年10月10日、東京五輪が開幕する。本県からはレスリングの風間貞夫、体操の中村多仁子、フリーピストルの高橋信司が出場したが、取材は東京支社報道部が一手に行い、社会面企画「選手村うちそと」などで、連日県人選手らの動きを伝えた。

ただ、運動部が解消されたばかりの本社にお呼びが掛かることはなく、９月まで運動部にいた山田一介は「取材はしてみたかったが、五輪は大きすぎて、それ以後も共同通信頼み」。72年の札幌冬季五輪にも記者は派遣されなかった。

五輪を現地で取材したい。その思いがかなったのが98年の長野冬季五輪だった。だが、このころになると、五輪は肥大化、商業主義が進むとともに、取材規制は厳しさを増し、記者証の入手が至難の業となっていた。

記者証はＩＯＣから各国に割り振られ、それを過去の取材実績をもとに全国メディアを中心に分配するというルールが出来上がっていた。だから地方紙にわたる記者証は微々たるものだった。長野五輪では何とか記者とカメラマンを1人ずつ確保したが、13人の本県関係選手を抱える本紙としては、人手不足は否めず、チケットを入手して観客席から取材という苦肉の策で乗り切った。

水泳女子の中村真衣が１００メートル背泳ぎで銀、４００メートルメドレーリレーで銅メダルに輝いた２０００年９月のシドニー夏季五輪でも記者は派遣しておらず、地元長岡市の応援風景や国際電話での取材が中心となったが、03年に運動部が復活、ようやく海外での五輪取材への道を開き、06年のトリノ冬季五輪、14年のソチ冬季五輪、16年のリオデジャネイロ夏季五輪に運動部員を派遣するに至った。

トリノでは皆川賢太郎（スキー・スラローム）の１００分の3秒差の4位というしびれるような瞬間に立ち合い、ソチではジャンプ団体の清水礼留飛の銅、スノーボード・ハーフパイプの平野歩夢の銀、フリースタイルスキー・ハーフパイプの小野塚彩那の銅と県勢のメダルラッシュを現地から伝えることができた。

第10章　文化　――地域に灯《とも》す光

太平洋戦争さなかの厳しい言論統制下に生まれた新潟日報は、戦争に加担した責任を自覚し、民主主義国家建設に邁進《まいしん》することを誓って再出発する。新しい世界の潮流を伝えるとともに、地域文化の確立を掲げ、足元の文化的土壌や精神的風土の掘り起こしに力を注いだ。「文化」の力で地域の自立を目指した軌跡をたどる。

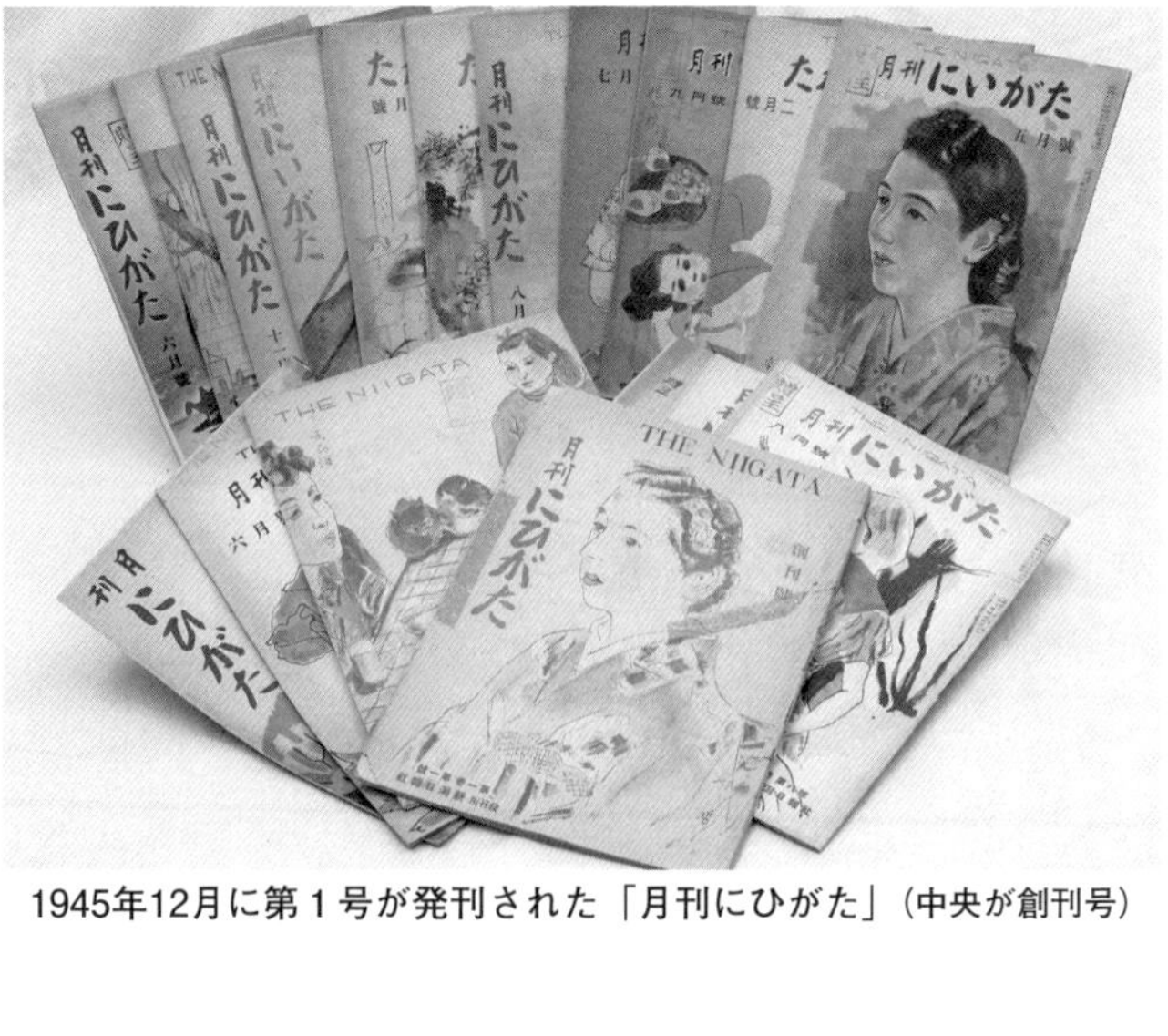

1945年12月に第１号が発刊された「月刊にひがた」（中央が創刊号）

安吾の唱えた「文化の国」

戦後の本紙は、荒廃した国土と精神を復興する原動力に「文化」を掲げ、「新しい文化の国」の建設を目指す。この新たな船出に際して、大きな役割を果たしたのが新潟市出身の2人の文人、坂口安吾（作家）と会津八一（美術史家・歌人）だった。

東京・蒲田の自宅で終戦を迎えた安吾は1945（昭和20）年9月、本社社長の職にあった長兄の坂口献吉宛に、3通の手紙を書く。敗戦の歴史的な意味、戦争責任の明確化、新聞経営者の責任、戦後日本に果たす新聞社の使命などについて、胸の内をつづった長文の手紙である。

「最大の眼目を申し上げますと、混乱、動乱を怖れてはならぬということです」と続く件は、翌年雑誌「新潮」に発表され一躍脚光を浴びる「堕落論」の原型といってもいい。

手紙の中で安吾は「新しい文化の国、教養ある国民社会の建設」を力説し、「地方新聞は地方独特の地盤を確立することが必要」と、雑誌発行や文化事業などの提案をする。最後に「新聞社が1県1社となり、地方文化を一身に負うこととなった以上、新聞のみでなく、文化運動の総元締めとなって働く抱負を忘れてはいかぬでしょう」と結んでいる。

坂口安吾（林忠彦撮影）

新潟市「安吾風の館」学芸員岩田多佳子は、安吾の手紙は戦後の新聞社の在り方を尋ねた献吉への返信だったとみる。終戦直後の本社の歩みをたどると、献吉は自身の進退をも含めて、確かに弟の進言を真摯《しんし》に受け止め素早く実行していったようにみえる。

10月1日に文化局を発足させ、「新日本の建設は一に文化の建設にある」と献吉自ら筆を執ったと思われる趣意書で美術関係者に呼びかける。終戦から2カ月余の11月3日には、早くも本社主催の第1回新潟美術展（のちの県展）開催にこぎ着けた。

翌4日の本紙は「果然、人気沸騰」の見出しで、新潟市の大和百貨店で開幕した美術展の模様を伝えた。「開場一時間前から押しかけた観衆がひしめき合って卒倒騒ぎまで起き（略）午後二時現在入場者は一万五千人に上った」

インフレや食糧難が押し寄せる大混乱のさなか、満員電車のように混み合う会場写真に、戦争の重圧から解放された県民の喜びがあふれる。

天皇の「人間宣言」が発せられた46年元日の本紙は、安吾の手紙に呼応するように社説「文化日本の創建」を掲げ、「月刊にひがた」も創刊された。大宅壮一、高見順、賀川豊彦、堀口大学らが健筆を振るい、小林古径、郷倉千靭らの季節感あふれる絵が表紙を飾った。紙質はよくないがB5判、50ページ、定価1円のハイクオリティーな文化情報誌。多くの国民が焦土にたたずむさなか、夢のような雑誌の誕生だった。

1月5日には「書籍も自由の波」と、活況に沸く書店探訪記が本紙に掲載される。「自由民権を鼓吹した書物は店頭に出ぬうちに引張り凧」。「月刊にひがた」などの書物が「読み物に飢えた人々の心に新しい希望を呼び起こす」と報じられた。

同誌3月号には安吾自ら「地方文化の確立について」の論考を発表し、「東京の亜流になるな、自ら独自の創造をなせ」と呼び掛ける。

「新しい文化の国」建設のために、中央の風潮に流されない独自の地域文化を育てることが新聞社の使命と説いた安吾に続き、さらに推し進めるのが「夕刊ニヒガタ」社長に就任する会津八一である。

郷土文化に懸ける八一

1946（昭和21）年5月、夕刊新潟社社長に会津八一が就任し、横判2ジペーの「夕刊ニヒガタ」（新潟日報夕刊の前身）が16日に創刊された。トップ記事は「後継内閣首班に吉田外相」、中ほどに「米よこせメーデー帝都で開く」。騒然としたニュースの中で、「創刊にのぞみて」の添え書きのある八一の歌が異彩を放つ。

八一は東京・落合の秋艸堂を空襲で焼かれ、家と蔵書と収集品のすべてを失い、中条町（現胎内市）に疎開していた。その八一を訪ねて社長就任を要請したのは、2代社長坂口献吉である。

GHQ（連合国軍総司令部）の方針で夕刊の用紙割り当てが制限され、新しい組織でなければ発行できなかった。新聞は新しい「文化国家」の礎と確信する献吉は、研究者、教育者として文化に深い見識を持つ八一に白羽の矢を立てたのだった。

それまで新聞事業とは縁のなかった八一だが、「創刊にのぞみて」の一首に、新聞への思いがこもる。

「わがともよ／よきふみつづれ／ふるさとの／みづたのあぜに／よむひとのため」

歌人馬場あき子は、２００２（平成14）年の本紙取材に、「本当の庶民、農民のために、しっかり文化を興す文章をつづれ、という気持ちが（歌に）込められている」と語っている。

夕刊新潟社の編集部門は新潟市東中通の本社2階に置かれた。総勢30人余、ほとんど本社からの出向だった。八一はボサボサ髪のまま現れ、若い社員に新聞記者の心得を説いた。

会津八一（小柳胖撮影）

１９４６年7月入社の元社長上村光司は、駆け出し記者として八一の薫陶を受ける。八一は本質を見ないで新しいものに飛びつくジャーナリズムに批判的だった。「物ごとには基本がある。その根底にあるものを忘れるな」「新聞は作る人のものより読者のものだ」と繰り返し聞かされた。「新聞記者は文化日本の指導者たる故に修養して向上せよ」という訓示も「八一日記」に残る。

夕刊新潟社は50年に本社に統合され、八一は本社社賓となるが、評論、随想、書評などを本紙に精力的に書き続ける。「文化の自覚」など大半が文化に関するもので、文化に鈍感な県民への痛烈な批判も珍しくなかった。

八一の唱える「文化」は文芸技芸の狭い意味にとどまらない。ものごとの本質を見極め、時流に惑わされず自立した個人として生きる力を養う、それが「文化」だった。国全体が「文化」を軽んじ戦争へと突き進んでいった戦前の苦い体験が根底にある。

「新潟日報文化賞」が48年11月に創設された。３日掲載の社告には、八一が年頭に書いた「地方文化の意義」の理念が、そのまま凝縮されていた。「真に平和的な文化国家の建設は地方文化の上に打ち建てられなければならない。郷土文化の向上に力を注ぐことが即ち祖国再建に直結する」

年の瀬の同年12月25日、第１回授与式が行われた。受賞者は珪肺《けいはい》症研究の新潟医科大教授・赤崎兼義と、レスリング王国の基礎を築いた風間栄一の２人。翌日の社会面に「東京裁判で絞首刑執行」など「今年の五大ニュース」と並んで、受賞者の喜びが報じられた。

「新聞人・會津八一展」を２００５（平成17）年に企画した會津八一記念館の主査学芸員喜嶋奈津代は「自ら切り抜いたスクラップ帳が６冊残っている。自分の記事に引いた赤線をみても、八一の意気込みが伝わってくる」と語る。

「わがともよ」の一首は、70年の歳月を経た16年11月、同市万代の新潟日報メディアシップ前歌碑に刻まれた。

ふるさとを掘り起こす

「われわれと同じこの新潟の風土の中に生まれ（略）日本のために活躍、貢献した人たちの生涯が（略）新たに不朽の生命を得たことがうれしい」

1965（昭和40）年2月、前年まで本紙に連載された「越佐が生んだ日本的人物」の出版にあたり、取締役中野敬止は巻頭にそう記した。総勢63人、延べ350回余にわたって本県ゆかりの先人を取り上げ、評伝の草分けとなった同シリーズは、64年5月25日の「雲のごとく―小川未明の生涯」で幕を開けた。

連載開始を告げる1面社告に「各分野で活躍した郷土出身の人々のおい立ちや業績を紹介するため〝新潟県の二十人〟（仮題）の名で読者の執筆、その他の協力を求めた」とある。

連載で取り上げてほしい人物を読者から募り、執筆も社外に依頼した。異色の手法ではあったが、実業家の堤清六を実弟で元県知事の亘四郎が回顧したり、坂口安吾を盟友の檀一雄がしのんだり、時に絶妙な組み合わせを生み、記者とはひと味違う人物観と語り口で読者を魅了した。シリーズ皮切りの小川未明は、同郷の児童文学者杉みき子（上越市）が筆を執っている。

連載のもう一つの狙いは、人物を通して郷土を再発見することにあった。企画の視点はその後も受け継がれ、「評伝・越佐の埋み火《うずび》」（95年1月から50回）、「幕下りるとき」（2003年6月から

70回）など、折々に切り口を変え、有名無名の人物に社内外の筆者が迫った。

教師、医師、詩人ら多彩な筆者が、長善館の鈴木虎雄ら優れた業績を残した67人を紹介した「郷土の碩学《せきがく》」（1997年6月から106回）も後に出版された。企画した市嶋紀夫は「優れた仕事をしながら忘れられた人、埋もれた人物を世に出したかった」と狙いを語る。執筆者の一人、新潟大名誉教授田中栄一は、「碩学の存在は（略）今日に生きるわれわれへの貴重な指針」と、あとがきに記した。

「越佐の文化財」（1999年4月から123回）、「碑は語る」（2007年1月から127回）では、県内各地に伝わる国指定文化財や石碑の由緒から、地域の歴史を掘り起こした。

時を経て「にいがた文化の記憶」の連載が09年4月に始まる。筆者は會津八一記念館館長の神林恒道。「新潟には文化がないといわれるが、国宝などの文化財が少ないというだけで、どこにも負けない〈人の文化〉がある。第一級の人物を数多く輩出した豊かな風土こそ文化だ。それを若い世代に伝え、県民のコンプレックスを払拭《ふっしょく》したかった」。53回におよぶ連載は13年6月、新潟日報メディアシップ内に開館した「にいがた文化の記憶館」設立のきっかけとなり、館長には神林が就任した。

開館に合わせて「先人のふるさと—揺籃《ようらん》の地を訪ねて」を「文化の記憶」シリーズとして展開。文芸家協会会長を務めた青野季吉、明治期の教育者加藤俊子ら47人の生い立ちをたどり、「郷土に誇りを持つことができる企画」（新潟日報読者・紙面委員会）と、読者に好印象で迎えられた。

越佐の埋み火

小林弘（元新潟日報記者）

「越佐の埋み火」は1995（平成7）年1月から翌年1月まで毎週、文化欄に掲載された。書、美術、文芸分野の県ゆかりの45氏の評伝である。

「埋み火」とは、灰の中に埋もれた炭火。灰を掘り起こすと眠っていた炭が再び赤々と燃える。若い死、あるいは地方ゆえ、業績があまり知られていない逸材を「埋み火」として再発掘するのが連載の狙いであった。

執筆は書を横山蒼鳳、美術を大倉宏、文芸を若月忠信の新潟市在住3氏に依頼した。

横山氏は、月刊「大道」を主宰、ジャーナリストの視点で書道界に警句を発した異色の書家。2012年死去。大倉氏は夭折《ようせつ》の画家に哀惜を寄せ、絵の本質に迫る評論は、時に色鮮やかな散文詩となる。若月氏は「この連載で北海道、鎌倉、東京、大阪まで出かけた」実証派。評論対象の墓参を大切にしている。

今、連載後の刊行本（新潟日報事業社）を久しぶりに読み、再認識させられるのは、新聞記者の先輩4氏の文人としての巨大さである。

小林存（新潟新聞主筆）は県民俗学の祖で歌詠み。現代画廊の洲之内徹が強い関心を抱くほどの奇人であった。山田花作（同）は新短歌運動で会津八一、相馬御風らを指導した。磯野霊山（高田日報記者）は文展に背を向け続けた日本画家。吉川英治が遺作展で極貧の生涯を惜しんだ。勝田忘庵（柏崎日報主宰）は書・篆刻《てんこく》。「明治饅頭（美野屋）」の商標もある。「欲にはまって余分に働いてはならぬ」。終生、借家生活だった。

新潟日報同人からも、これら先輩に負けぬ文人が輩出することを切に望みたい。

続く同シリーズ「食ひと紀行」（15年6月から40回）では、ナスに故郷を重ね合わせて詠んだ詩人「西脇順三郎とナス」など「食」をテーマに、それを育んだ地域の風土や歴史を、人物を通して掘り下げた。

本県の文化的土壌や精神的風土を探り、再評価の光をあてる―。地域文化の一翼を担う地元紙として、存続する限り、失ってはならない視点であろう。

風土に根ざす読者文芸

セピア色に染まった表紙が経てきた時を物語る。A5判に〈「新潟日報」 生活詩 村野四郎選〉の手書きの文字。ページを繰ると小さな活字の切り抜きが、一枚一枚丁寧に貼り込まれている。本紙読者文芸選者で詩人の八木忠栄が高校生の頃、自身が投稿していた本紙「生活詩」欄をスクラップした貴重な記録だ。

最初のページの切り抜きに「32・6・25」とある。八木が本紙へ詩を投稿するようになったのは高校に入学した1957（昭和32）年。ネットはおろか本県ではテレビ放送すらなかった時代。「とにかく自分の文章が活字になるのがうれしかった」。限られたメディアである新聞に掲載される優越感は「魔力」のように八木を創作の世界に引き込んだ。「選者の寸評はひと言も逃すまいと、穴が開くほど読み返しました」

88年、生活詩の選者となった八木は、食い入るように活字を追った若き日を紙面でこう追想している。「朝刊をひらくときの胸の動悸《どうき》は、今もはっきりと覚えている。作品が載ったときの感激、選に漏れたときの口惜《くや》しさ」「何ものにも替えがたく生なましい心の波動だった」（88年12月5日「選を担当するに当たって」）。

読者に作品発表の場を提供し、その道を志す者の登竜門ともなってきた読者文芸は本紙創刊直後の42年12月、わずか4ページの朝刊に設けられた俳句、短歌欄に始まる。51年に「読者・コント」、52年には「ニュース川柳」を新設。56年からは生活詩が加わり俳句、短歌、川柳、詩、コントと、他紙に例のないバラエティー豊かな現在の構成がほぼ固まった。

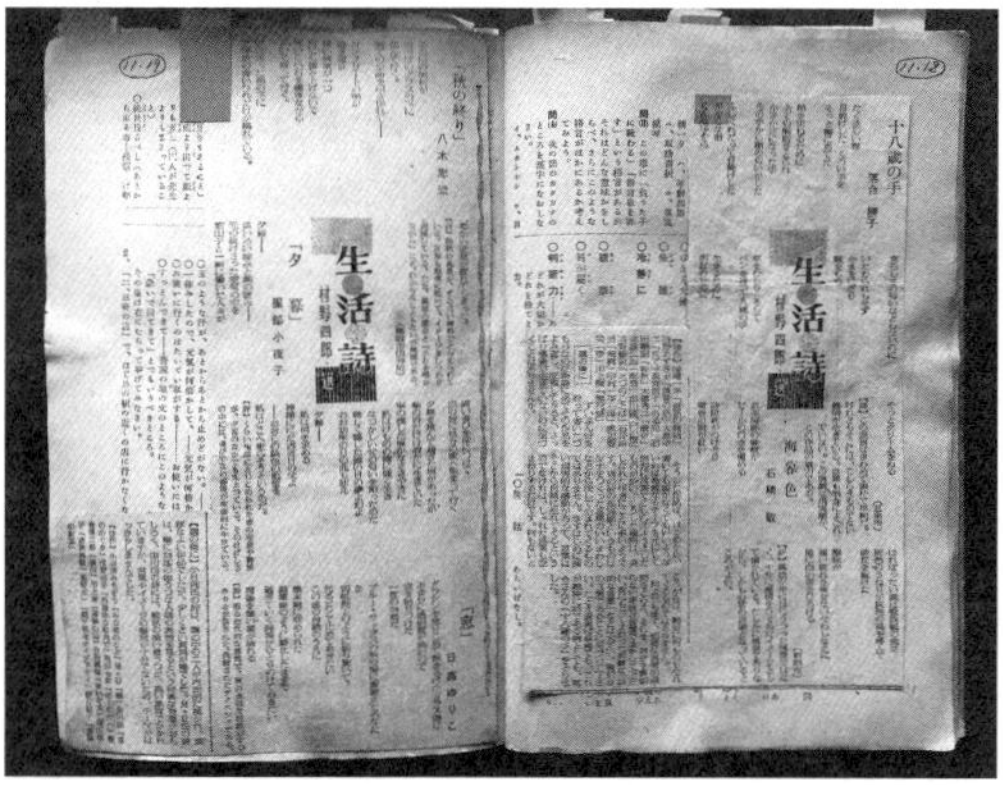

八木忠栄が高校生の頃、投稿していた本紙「生活詩」欄のスクラップ（本人提供）

歌俳壇賞や柳壇賞に加え66年には清新な文学を発掘しようと日報短編小説賞を創設。同賞は87年、小説、詩の両部門からなる新潟日報文学賞に受け継がれ、今日に至る。

それぞれに名だたる作家が選者を務め、その指導によって本格的に創作の道に入った投稿者もいた。

その一人に上越市在住の児童文学者杉みき子がいる。

杉の作品が初めて本紙に掲載されたのは55年1月。児童文学者の関英雄を選者に、同年開設されたばかりの「お母さん

読者文芸欄に思う—人間味ゆたかな感性

馬場あき子（歌人・読者文芸短歌選者）

「新潟日報」の「読者文芸欄」は、詩歌、散文と幅広く充実しているし、何より楽しい。私はそこの短歌部門の選者として、気がつくと四十年余りも新潟の短歌を友とする人々の歌を読み続けてきたのだ。

短歌というジャンルは正直なもので、どんな歌にもその人の性格や風土性、日常や趣向などが反映する。そのため長く投稿をつづけている方々は、会ったこともないのに長年の友人のような気分になっていて、時には親戚のような親愛を一方的にもってしまったりする。

私が選者になった初選歌の日から四十年も投稿をつづけて下さっている方や、お父さんの跡をついで投稿をはじめた方などもあって、歌が含みもつ時間の深さに感慨をもよおすことしばしばである。

選者として若かったころは、新潟を知りたくて休日を利用し、ずいぶん旅をした。日報の記者さんも案内役を買って出て下さったり、ツアーに参加して下さったり、思い出も少なくない。新潟の魅力は自然や祭や、くらしの風俗、特産の豊かさ、土地に根づいた歴史や民俗、どれもが文芸の材として面白く心ひかれる。「読者文芸」はそこからの発信なのだ。

そこから伝わってくる新潟人気質ともいうべきものは、人間味ゆたかな温和さ、涙もろさ、その反面に向う気の強い反骨精神と、粘り強い頑張り、そして今もなお季節の移ろいとともにあるくらしの感性のやさしさである。これからもこの読者文芸欄を大切に見守ってゆきたいと思う。

の童話」に寄せた「三本のマッチ」が入選する。以後「毎週発表があるのを張り合いに投稿を続けた」杉は、やがて関の目に留まり、その紹介で日本児童文学者協会の一員となる。「日報で童話を募集していなかったら作家にはなっていなかったかもしれません」とは杉の述懐だ。

57年に日本児童文学協会新人賞を受けた後もふるさとを離れることなく本紙への投稿を続け、58年には他の常連投稿者とともに同人誌「笛」を創刊。同人には前出の八木も高校生時代に名を連ねた。「笛」は程なく休刊となったが、紙面で競い合うライバルとの交流は「励みになった」という。60年代には読書欄の「読者の書評」などにも幅広く筆を振るい、過疎の村の悲哀を描いた「マンドレークの声」で70年、日報短編小説賞を受ける。当時40歳。同年11月18日文化面に掲載された受賞のことばで杉はこう語っている。「私は土地と人間の結びつきをテーマに作品を書いているが、これもその一つです」

地方の風土に根ざした文筆活動に寄り添い、後押しする。紙齢と同じ年月を重ねる読者文芸の役割は今も変わらない。

人を育む批評の力

地域文化の振興に資する―。地方紙である本紙が、その使命を果たす上で、大きな役割を担ってきた分野に、批評と評論がある。

中でも、昭和から平成へと元号の変わる頃、文化面の一隅に誕生した二つのコラムは、足元を照らす灯となった。一つは「あーとぴっくす」、もう一つは「時評」で、ともに中央の動静や権威にとらわれがちだった紙面に対する、記者の疑問から生まれたものだった。

「あーとぴっくす」のスタートは1992（平成4）年。県内のさまざまな文化活動を取り上げ、メディアとは縁遠かった若手や、地道な取り組みに光を当てた。

中央の公募展や結社で活躍する県人は大きく載るのに、地元作家の個展は見向きもされない―。文化デスクとして「あーとぴっくす」を立案、自らも執筆した小林弘を動かしたのは、当時新潟市を中心に増え始めた画廊経営者の、そんなつぶやきだった。「新潟日報の文化欄に東京発信の原稿ばかりではつまらない」「文化欄の片隅ではあるが、ここに必ず地元の話題を〝ピリリと辛く〟紹介したい」とデスク日誌に書いた（94年9月1日）。

新設されたコラムは、600字前後の読みやすさも手伝って評判を呼ぶ。数多く執筆した美術評論家の大倉宏（新潟市）は、「反応がビビッドで、読まれていることを肌で感じた。作品を発表する側にとっても励みになり、地元のシーンを活気づけた意欲的な取り組みだった」と振り返る。

一方、「時評」は地元ライターの育成も視野に入れた寄稿コラムとして、80年代末に始まった。書き手は大学の若手教員や画廊経営者、劇団員など、それまでほとんど原稿を依頼することのなかった層から発掘した。

「当時の文化面といえば良寛に会津八一。書き手もほぼ固定化していた。それだけが新潟の文化ではないという思いがあった」。企画した永田幸男は述懐する。四半世紀にわたって書き継がれた二つのコラムは2014年、「ニイガタレビュー」に再編された。

新しい書き手の発掘は新聞社の重要な役割だが、紙面が評論家を育て紙価を高めた例もある。1960（昭和35）年1月、夕刊に新設した「新映画」欄の執筆者に起用されたのは、当時駆け出しだった新潟市出身の佐藤忠男だった。

「この世界では新聞の連載を一つ持っていれば食えるといわれるが、私にとって初めての新聞連載でした」と佐藤は語る。「雑誌の数倍」という稿料に加え、「おもねらずに自分の個性や方向性を打ち出すことができる」新聞連載は、批評活動の大きな支えになったという。

「新映画」をステップに映画評論の第一人者となった佐藤は2011年、半世紀ぶりに本紙連載を再開。現在も週1回の「シネマスコープ」で円熟の筆を振るう。

一本の批評が新たな地平を切り開くこともある。新潟市内唯一の名画座「ライフ」が1985年3月閉館した。連載「週間映画館」を担当していた映画評論家荻昌弘は「閉館が悲しい。さびしい。悔しい（略）新潟市民の損失ははかりしれない」と書いた。

荻の切々たる「追悼文」は、現シネ・ウインド代表で、ふるさとへUターンしたばかりだった齋藤正行の反骨心に灯をつけた。齋藤は市民の手による映画館づくりを呼び掛け、同年12月には市民映画館シネ・ウインド開館にこぎつけた。30周年を超えたいま、同館は多様な文化を受け入れ発信する交流拠点の役割を担っている。

記憶の中の連載

生ニュースだけでなく、事象を深く掘り下げた連載、視点を変えて社会や日常を切り取るコラムも、新聞を広げる楽しみを届けてきた。

評論家古谷綱武の随想「新潟遠望」は、医療や農業など県内の出来事からテーマを拾った長寿コラム。１９６７（昭和42）年から17年間、八百数十回続いた。窓口となった、東京・みや通信社長の坊野秀美は「長尺の原稿を毎週よく続けられると感心していた」と振り返る。原稿を受け取ると毎回その場で読むよう促され、感想を求められた。

全力を注ぐ執筆姿勢がまた古谷を苦しめた。83年に坊野の元に電話が入り、涙ながらに「書けなくなった」と告げた。10月10日には無念の思いをつづった「隠退の辞」を掲載。古谷は84年２月に死去し、「新潟遠望をしのぶ」を特集した窓欄は、「地方への誠意に脱帽」「心に残る数々の教訓」などの投稿で埋め尽くされた。

長岡空襲の体験を読者から募り、戦後25年を経て多くの事実を掘り起こしたのが71年の連載「わたしは忘れない」だ。空襲孤児だった学芸部長の原田新司が企画、長岡市出身の関田雅弘らが担当した。１００通を超す体験記を基に空襲の夜を再現、「激しさ増す敵機襲来」「終業式が最後の別れに」と、第1回の紙面には生々しい見出しが並んだ。「反響は大きく、長岡市があらためて調査し、記録に残そうという動きにつながった」と関田は語る。

毎年8月、空襲を語り継ぐ連載は今も形を変えて続く。2009年からは、長岡戦災資料館が集めた資料を基に「遺影は語る」を続けている。担当するのは戦争を知らない若い記者たち。同市出身の関宏一は「亡くなられた方の人生を聞いて、あらためて無差別爆撃のむごさを実感する。子どもたちが戦争を学ぶ教材になってくれれば」と力を込める。

「嫁不足」の農村に、海外から妻を迎える社会現象をテーマにした「ムラの国際結婚」（1988年）は、農業ジャーナリスト賞を受賞した。取材拒否に遭いながら粘り強い取材でその暮らしぶりや背景を伝え、中山間地で進む「ムラの国際化」をあぶり出した。

21世紀を目前にした連続座談会「世紀のなぎさで」（1999年）は、異色の顔ぶれとテーマ設定で注目された。企画した学芸部長篠田昭の司会で、表日本との格差の構造を明らかにした名著『裏日本』を著した新潟大教授の古厩忠夫、歌手の三波春夫らに、新潟の過去・現在・未来を語ってもらい、多くの指針を得た。

本紙の連載小説から大河ドラマも生まれた。新潟市出身の作家、火坂雅志の「天地人」（04〜05年）だ。まだ知名度の低かった直江兼続に光を当ててほしいと、地元の六日町（現南魚沼市）や与板町（現長岡市）の住民が動いた。

学芸部長だった吉井清一は「ドラマ化するにはまず原作を、とNHKに言われ、新聞小説にしてほしいと何度も要請に来られた」と振り返る。兼続に関心を寄せる火坂も執筆を快諾。多くの

文芸家協会脱会事件

永田幸男（元新潟日報記者）

カウンターでビールを飲んでいると、奥から主催者がやって来て「中上さんが新聞記者を呼んでいる」という。中上健次が亡くなる2年前、1990（平成2）年5月5日夜、場所は新潟市の居酒屋「味の関所」だった。

「安吾の会」主催の講演会に、中上は筒井康隆、柄谷行人氏を伴ってやって来た。口火を切った筒井氏が、『無知の涙』を書いた永山則夫死刑囚の入会申請を拒否した日本文芸家協会を激しく批判する。その夜の懇親会で、3氏が協会に抗議して「脱会」を表明、文壇の枠を超えた事件として波紋を呼ぶことになる。

学芸部の文化担当だった私は「何かある」と思いつつ、中上の前に座る。「おまえさんブンヤなら、明日の新聞に書いてくれ。協会を脱会する」。筒井、柄谷両氏も「ケンカは中上に任せた」と、ぐいぐい飲んでいる。「中上さん、脱会声明書いてください」「おまえさん書くのが商売だろう」「中上さんこそ書くのが商売でしょう」としばし押し問答。

時計を見れば午後11時すぎ。締め切りに間に合うだろうか、明日は休刊日だ書くしかない。酔った勢いで腹を決めたが言葉が出ない、文章にならない、脂汗が出てくる。なんとかノートの走り書きで電話読みを終えると、午前0時を回っていた。翌日の社会面にお粗末な記事が大きく載り、各紙も2日遅れで伝えた。

謎が残った。中央で表明した方が効果的なのに、なぜ新潟だったのか。

翌朝帰る間際の中上に尋ねた。「風だよ、安吾の風さ」。風のせいにしてしまうのが、中上流のダンディズムだ。彼の言う「新潟という土地の持つ力」が安吾の「開かれた精神」を育み、その安吾の風に3人が共振れしたのだろうか。

地方紙に掲載を働き掛けた結果、13紙が採用し09年のドラマ化につながった。

創刊70周年に合わせた「地方紙と戦争」（12〜14年）では、2代社長坂口献吉の日記を基に、戦時下に生まれた本紙のルーツをたどり、戦前戦中の新聞を取り巻く情勢、当局や軍部との確執、全国紙との競争などを検証。新聞人献吉が戦争に協力していく姿を通して、地方紙が戦争と関わった負の歴史に、自ら向き合う貴重な記録となった。

地元紙の役割

戦後の再出発に掲げた「地域文化の確立」の理念は、連綿と引き継がれた。日々の文化面はその最前線。石倉達三が2度の文化デスクをした1990年代〜2000年代は、世論を形成していた総合雑誌が評価を失いつつあり、地方が見直される過渡期だった。

石倉は阿刀田高や吉村昭、山下多恵子（石川啄木研究家）らに原稿を依頼。「代々のデスクが心掛けたのは本県ゆかりの作家の掘り起こしと再評価。それこそが地元紙の役割という思いが

(11) 文化 1989年（平成元年）7月22日（土曜日）
阿賀の家から
——佐藤 真
ヤツメウナギ
阿賀野川の夕暮れ＝北蒲安田町千唐仁（撮影・佐藤真）

映画「阿賀に生きる」の佐藤真監督が連載したコラム「阿賀の家から」の1回目（1989年7月22日の本紙）

あった」と振り返る。

芥川賞作家藤沢周も、受賞前の1997（平成9）年から「古都だより」の連載を始めた。鎌倉で執筆しながら、故郷に思いをはせたコラム。受賞後に押し寄せた多忙な日々について「頭は限界に近くても体はなんとかへこたれずに先へ先へと動いていく。それとも、新潟魂という気力のおかげだろうか」と語りかけるように書いている。

新聞に載ることで県民に知られ、運動や取り組みが広がるケースも多い。完成から25年たつ今も高く評価され、各地で上映されるドキュメンタリー映画「阿賀に生きる」（1992年）の監督、佐藤真のコラム「阿賀の家から」（89～92年）を担当したのは永田幸男だった。

72回を迎えた新潟県美術展の工芸部門会場（2017年5月26日＝新潟市中央区の朱鷺メッセ）

阿賀野川流域（阿賀町）の空き家に住み始めた佐藤が本紙に協力を求めてきた。「新潟水俣病を抱えて暮らす人々の暮らしを撮りたい」。永田は製作日記の執筆を提案する。「風化する新潟水俣病を考え直すきっかけにと思った。もちろん監督の熱い思いも応援したかった」。連載の反響は大きく、地元にも活動が知られ、全国へと支援の輪が広がっていった。

こうした地元紙の役割について「ニイガタレビュー」も執筆する美術評論家の藤由暁男（新潟市）は、団体に所属しなくても発表できる、取り上げてもらえることが作家の意欲につながると語り、「作品を評価し紹介する人がいないと若手は育たない」と期待を寄せる。

紙面との連動でその役割を担ってきた主催事業の一つが、2017年に72回を迎えた県展である。第65回展では、新潟展を市内4会場から朱鷺メッセで全7部門を一堂に展示するスタイルとなった。

1960年の入社から退職するまで、事業局で県展に携わった佐藤悟は「いま思えば終戦の混乱期に、全国に先駆けてよく開催できたと思う。今も文化の力で郷土再興という先輩の思いを受け継いでいる」と振り返る。

加山又造、岡本太郎、林忠彦らその時代を代表する作家が、1年交代で審査委員を務め、作品の応募数、観覧者数など規模、質とも高い水準を保ってきた。にいがた文化の記憶館館長の神林恒道は「全国に誇れる公募展。美術のすそ野を広げ、新人を発掘し、指導者を育ててきた」と評価する。

日本美術院同人で2016年、新潟日報文化賞を受賞した日本画家の斎藤満栄（新潟市北区出身、川崎市在住）は中学3年で奨励賞、23歳で県展賞に輝いた。10年に県展日本画部門の審査委員を務めた斎藤は「県展に育ててもらった。これからは恩返しをしなければならない」と力を込めた。

若手の登竜門として1966年に始まった県音楽コンクールも、国内外で活躍する演奏家や指導者を数多く輩出した。長年担当した中村真貴子は「各分野でレベル向上に果たした役割は大きい」と語る。

地域貢献は時代とともに形を変える。２０１３年にメディアシップで開学した公開講座「みらい大学」、市民参加の「上越はつらつ元気塾」（06～07年）は、地域教育や生涯学習を後押しする。学生の新聞作り指導から始まった県内大学との連携は、本紙が学生向けに提供する寄付講義や講師派遣などへと広がりをみせた。

16年11月には夕刊を一新した情報紙「おとなプラス」を創刊した。人と地域をつなぐメディアを掲げ、市民ライターも歴史風土、暮らしと食文化、芸能娯楽など多彩なテーマで執筆する。編集局長服部誠司は「読者と一緒に、新潟再発見の旅に出る気持ちでつくっていきたい」と語る。新潟をもっと元気に。そんな思いを込めて新潟を掘り起こし発信する新たな舞台となっている。

新潟日報１４０年　川を上れ　海を渡れ　特別座談会

本紙の前身の一つである「新潟新聞」の創刊から140年を迎えた新潟日報。田中角栄報道など政治から、原発や拉致問題、度重なる災害、文化振興に至るまで、多岐にわたる分野で地域と向き合ってきた。政治ジャーナリスト後藤謙次さん（東京都在住）、フリーアナウンサー小野沢裕子さん（新潟市在住）、新潟・市民映画館シネ・ウインド代表齋藤正行さん（新潟市在住）の3氏に、地方紙として地域とともに歩んだその歴史を振り返りながら、今後への期待を語ってもらった。司会は森沢真理・本紙論説編集委員室長（文中敬称略）。

座談会参加者プロフィール

■後藤謙次　ごとう・けんじ

1949年、東京都生まれ。73年共同通信社入社。82年本社政治部勤務。主に自民党田中派、竹下派を担当。2006年編集局長。07年に退社後は、民放報道番組のメインキャスター、コメンテーターとして活躍。著書に『平成政治史』全3巻（岩波書店）など。

■小野沢裕子　おのざわ・ゆうこ

1957年、南魚沼市（旧塩沢町）生まれ。80年BSN新潟放送入社。86年からフリー。95年から新潟テレビ21「いきいきワイド」司会。現在はイベント司会、講演会で活躍するほか、BSNラジオ「ゆうなびラジオ」の火曜パーソナリティーを務める。

■齋藤正行　さいとう・まさゆき

1949年、新潟市生まれ。新潟高卒、明治大除籍。印刷会社退職後の85年、新潟市中央区に「新潟・市民映画館シネ・ウインド」を設立。坂口安吾を顕彰する「安吾の会」世話人代表。新潟NPO協会代表理事。

（2017年6月10日、日本プレスセンタービル＝東京・千代田区）

田中角栄報道

森沢　本紙の政治取材の中で、田中角栄報道は一種のメルクマール（指標）になっています。日本の近代化を支えた一方で、色濃い「光と影」をまとう政治家と、地方紙として向き合ってきました。後藤さんは同時代に共同通信社で取材をされていましたね。

後藤謙次さん

後藤　田中角栄さんとは個人的な因縁もありました。東京・飯田橋にあった、角栄さんの自宅兼会社事務所の隣家に住んでいました。長女の真紀子さんは小学校の先輩。角栄さんが一時代を過ごした、あの空気の中で生まれ育ちました。ロッキード事件の実刑判決が出た後、共同通信の自民党担当として角栄さんの番記者になり、新潟日報の小田敏三社長とも一緒に取材をしました。

角栄さんは、とにかくスケールの大きい政治家。新聞記者に対しても「君らはどこまでいっても新聞記者だ。懐に入れてもマムシはマムシ。どんなに親しくなっても最後はかまれるんだ」と。それでも「人生の先輩として君たちに教えなきゃいけないことがいっぱいあるんだ」と絶えず言っていた。すごみと優しさと人情の機微がありました。

森沢　田中元首相は一時、株の買い占めを画策するなど新潟日報に揺さぶりをかけました。地元紙としては、距離の取り方が難しかった面もあります。

後藤　新聞記者は政治家にも刀1本で直接、目を合わせながら、あるときは引き、あるときは切り込んでいく。白兵戦です。地方紙と地域の大実力者の関係は非常に難しく、とりわけ角栄さんのように「手負いのライオン」が相手となれば、なおさらです。寄りすぎたらアウト。読者が離れてしまう。距離を保ちながら金権政治への批判やロッキード事件をきちっと伝え、県民読者の支持を得続けたのは、記者の並々ならぬ努力と誠実さ、そして社としても圧力をはねのけるパワーがあったからでしょう。「田中角栄と新潟日報」をテーマに、ジャーナリズム論を一つ書けるくらいのものがあったと思います。

森沢　小野沢さんは田中元首相のお膝元、衆院旧新潟3区の出身。政治風土をよくご存じだと思います。田中政治は「利と恩」の側面もありました。

小野沢　角栄さんと祖父が一緒に写っている写真が仏壇の脇にありました。首相にまで上り詰め、「政治は暮らし」を実際に見せてくれた郷土の英雄として、すごい人だと聞いて育ちました。

ロッキード事件後の選挙で角栄さんが22万票を取った時は、「ここで角さんを落とすわけにはいかない」という地元の熱気を感じました。雪国の貧しい暮らしに光を与えてくれた人に対する「恩」を票に乗せたのだと思います。その一方で、在京メディアの一部から新潟3区の民度の低さと書かれた時は、悔しかった。でも新潟日報は、全国紙とは違う立場で書いてくれたと思います。

東日本大震災後に福島県に行った時、使われなくなった駅舎の壁に「今、田中角栄がいたら！」という太く大きな文字を目にしました。今もロッキード事件の真実が論じられたりしていますが、田中角栄とは何だったのかと考えます。いつまでたっても関心の対象になる、影響力の大きな人ですよね。

森沢　田中元首相の話になると、誰もが冗舌になってしまいます。

齋藤　角さんは時代を刷新した越後人。文芸評論家の加藤典洋さんが著書で共通性を挙げた坂口安吾や北一輝とともに、角栄さんは正統な逸脱者だと思います。外から批判するというより、内側から蹴破った。世の中を変え、歴史をつくっていくのは高学歴のエリートではなく逸脱者ですよ。

小野沢裕子さん

後藤　角栄さんは目標意識がはっきりしていて、到達点が見える政治家でした。その到達点に行くにはどうやって道路を敷いたらいいかということを、一人の頭の中で全部分かっていた。景色を見ると答えがぱっと出てきて、「そのためにこういうシステムを使おう」と。今は官や政のシステムを使い切れる政治家がいない。その落差に対するノスタルジーで、「田中角栄アゲイン」となっているのでしょう。

原発報道

森沢　もう一つの近代化のシンボルは原発です。2007（平成19）年に中越沖地震が起きた時、本紙は地震と原発の安全性の関係を問題提起しました。そして東日本大震災の福島第1原発事故により、安全神話の危うさが現実のものとなった。新潟は、世界最大級の柏崎刈羽原発を受け入れた一方で、旧巻町での原発建設計画を拒んだ体験があります。

小野沢　阪神淡路大震災の頃から、活断層という言葉をよく聞くようになりました。新潟日報が柏崎刈羽原発の下に活断層がある可能性を指摘して、非常に不安に思っていました。にもかかわらず、中越沖地震で原発から煙が上がった時、私はとっさに「大きく報道されるのは嫌だ」と思いました。自分の中にも、安全神話に頼りたい気持ち、そう信じたい気持ちがあった。「これは何でもないんだから、大きく報道しないでくれ」と。

3・11で自然災害と原発災害が一緒になった時、大変なことになるという体験をしましたが、私たちはいざというとき、逃げるすべも考えてない。ヨウ素剤の備蓄についての報道などを見て、こうしたことをもっと自分のこととして読まなければと感じました。対岸の火事として捉えていた自分を情けなく思いながら、新聞を読みましたね。

齋藤　巻原発の住民投票の時は、東京から学者などが大勢来ました。私は、新潟県でいい実験をやっているな、と思いましたね。直接民主主義をやった巻は、世界的にすごい地域だと。

森沢　長期連載をベースに2017年、出版した『崩れた原発「経済神話」―柏崎刈羽原発から再稼働を問う』の特徴は、データを駆使し、冷静に分析した点です。原発の問題は、イデオロギー対決になってしまいがちですが。大都市部は声が大きく、経済力もある。過疎地は多数決では常に負け、いわゆる迷惑施設を押しつけられてきた。

後藤　中越沖地震の時は、メディアの側にも原発事故に対する過小評価癖が蔓延《まんえん》していました。大事故につながる可能性があるものも、扱いが非常に小さかった。こうしたことは、きちっと検証していく必要がある。

もう一つ、私はずっと原発に関するニュースは国際ニュースだと思っていました。新潟日報は県民に伝える義務を持つとともに、インターネットやＳＮＳが普及した現代、原発問題の世界に対する大きな発信基地たり得る。柏崎刈羽がなぜ前に進めないのか、廃炉はどうするのか。世界共通の問題です。

森沢　２０２０年に東京五輪が開かれるということで最近は嫌なこと、見たくないものは見ないようにする風潮があるような気がします。

後藤　欧州はチェルノブイリ事故を経験していますから、放射線に非常に敏感です。日本もまだ危ないということになれば、選手が来ない可能性もある。だから最近はあまり「復興五輪」と言わなくなりました。客観的な情報を発信することが大事です。

齋藤　エネルギーに関しては明治以降、地方では民間が電力やガスの会社を興してきました。そうした地域の会社を、戦争の時に国有化するわけですよ。それで問題があるとまた民営化する。

森沢　そうした構図は原発立地県に住んで分かることですよね。首都圏では原発の存在を視界から消そうと思えば消せますが、私たちはそれができない。地元の原発の問題を考えることによって、世界のエネルギー事情や、政治構造にまで深掘りできるんですね。

日本海交流と拉致

森沢　新潟は日本海側の窓口として対岸と向き合ってきました。正と負、両方の歴史があったと思います。戦時中は大陸への「侵略の港」であり、戦後は在日朝鮮人の北朝鮮帰国事業の拠点でもあった。一方で、北朝鮮による日本人拉致の舞台にもなりました。

後藤　拉致問題についてはさまざまな思いがあります。共同通信の編集局長だった２００６年10月には、平壌支局開設の責任者として現地入りしました。当時は、10月５日の横田めぐみさんの誕生日を新聞全紙が1面で伝えていました。

「主人公のいない誕生日」と、写真付きで。その新聞を平壌のホテルに持ち込みました。あれから10年ほどたち、拉致被害者の象徴的な存在でもある、めぐみさんの誕生日ですら全国紙の扱いが小さくなっているのが残念です。

今の政府の対応にも非常に憤りを感じます。拉致問題担当相はほかの大臣も兼務。本当にやる気があるのか、と思います。新潟日報は今もめぐみさんが拉致された日に県民集会を開いている。日本海を背負っている地方紙の使命だろうし、それができる唯一の新聞社だと思っています。

森沢　拉致被害者の家族が高齢化し、世論の風化を懸念する声も高まっています。

小野沢　私はめぐみさんのお父様、横田滋さんからもらったはがきを、いつも手帳に挟んでいます。２００２年９月、めぐみさん「死亡」と聞かされたときには、それをうのみにしてしまいました。お母様の早紀江さんは「生きています」とずっとおっしゃっています。信じ切れなかった自分が情けなくて、自戒を込めてはがきを持ち歩いています。本当に帰ってきてほしい。帰国の日まで新潟日報も努力を続けてほしいと思っています。

森沢　本書の中には、長い対岸交流の歴史を支えた県人も登場します。

齋藤　戦前の日満航路の拠点だったことは、負の歴史の半面、新潟の繁栄にもつながったと思います。対岸へ視線を向けた人も多くいました。中国の三江平原開発に携わった故佐野藤三郎さん（元亀田郷土地改良区理事長）もいましたし、北朝鮮に渡った日本人妻の里帰り運動や拉致被害者救出運動に関わってきた小島晴則さんらの存在も大きかったと思います。

文化・災害・女性

森沢　文化と新潟日報について話したい。文化というと首都圏中心のイメージですが、敗戦後、「文化日本創建」を掲げて立ち上がる時、本県では本紙の坂口献吉や会津八一がけん引した。新潟日報も地方文化を築く一端を担いました。

齋藤正行さん

齋藤　敗戦後、安吾の兄の2代社長、坂口献吉が文化情報誌「月刊にひがた」を発行しました。安吾が唱えた「東京の亜流になるな、新潟で創造せよ」という理念です。私が東京からUターンしてシネ・ウインドを立ち上げたのも、これが原点。ここで発行する「月刊ウインド」は「月刊にひがた」を受け継ぐ気持ちで出しています。映画の紹介だけでなく、地方で発表する美術や文学、音楽、演劇の批評を中心にやっています。

森沢　齋藤さんは読者というだけでなく行動者。「月刊にひがた」のDNAを今に運んでいますね。

小野沢　私は高校時代の恩師が「直江兼続を大河ドラマに」と活動していた時、新潟日報が故火坂雅志さんに新聞連載をお願いしてくださった。火坂さんは別の小説を連載したばかりでしたが、慣例を打ち破って「天地人」を連載し、NHKの大河ドラマになりました。恩師もとても感謝しています。

齋藤　ハードの面でも新潟市の東中通に本社があった時、ホールがあって、安吾が講演したり、お芝居が来たりした。本社が黒埼町（現新潟市西区）に移転し、再び街中に戻ってきたのは、新潟にとってすごく重要なことだと思いますね。

後藤　新聞社というのはニュースの発信基地であると同時に、地域文化の担い手の中心でもある。メディアシップは最上階を開放し、その志を今も持ち続けていますね。地域に根差した人を筆者として世に出す役割を担う力、意志がある。

森沢　読者文芸を毎週1ページ作っているのも特色。短歌や俳句、コントなどを一般の人が発表する、ここまで多様な文芸欄を毎週設ける新聞社はあまりないそうです。

小野沢　文芸コーナーが大好きで、毎週見ているという高校生が、身近に3人もいます。

森沢　普段はニュース報道が脚光を浴びがちですが、日常に文化の豊かさがないと社会がおかしくなってしまいます。ところで、新潟は非常に災害が多い県。災害と向き合うのは新潟日報の宿命で、支局はまさに取材の最前線になります。

小野沢　災害が起きると記者さんはずっと現場にいて、ともに暮らすかのように密着して記事を書く。中にいるからこその生の声が載って、いつも「かなわないな」と思っていました。

齋藤　新潟大火、三八豪雪、新潟地震を経験しました。流言飛語のようなものが飛び交う中、新聞が届くと、慌てた大人たちも写真などを通じて被害をリアルに把握していました。

後藤　東日本大震災のとき、河北新報（仙台市）も新潟日報の協力で翌日から朝刊が出ました。そういう防災意識の強い新聞社で、横のつながりもある。話が戻ってしまいますが、雪害を初めて自然災害にしたのも角さん。災害が多発する地域で生まれた政治家が、日本の災害救助の仕組みを変えた。

森沢　小野沢さん、本書の「女性」の章を読まれて、どうお感じになりましたか。

小野沢　女性記者の礎を築き、道を開いてくれた方が大勢いたんだなと驚きました。私は吉沢久子さんのコラムが大好きなんですけど、これも女性の記者さんが依頼したと知りました。

新潟日報への期待

森沢　県民読者にとって、新潟日報はどういう存在でしょう。

森沢真理室長

齋藤　シネ・ウインドもそうだが、運命共同体。お互いに新潟から逃げられない。メディアシップは越佐が乗った船。新潟という船が沈まないように、協力するしかないんだよね。

それと、新潟県についての蓄積されたデータはとても重要。「街の記憶　劇場のあかり」という県内の映画館史をまとめた時も、新潟日報の記事に大変助けられた。

小野沢　豪雪地でいったん途絶えた雪中歌舞伎が復活した時、新潟日報さんが手厚く取り上げてくれた。掲載してもらうことで、ものすごく張り合いになるんですよ。言ってみれば「ジャンピングボード」。文化を支えてくれる存在だと思います。

後藤　越後ファミリーの「リビングルーム」。そこに集まればニュースも文化も、ぬくもりもあるというような。これからもそうあり続けてほしいですね。

森沢　最後に、新潟日報に期待することは。

齋藤　新潟には中央から評価されなくても、偉大な人たちが大勢いる。アウトローが多いから、公の機関は評価しづらいかもしれない。「にいがた文化の記憶館」（新潟市）などと協力して、そういう人たちを評価、再発見してほしいですね。

小野沢　子どもたちがもっと新潟を好きになるような記事を、どんどん掲載してもらえたら。

後藤　政治を再建してもらいたい。県政もそうだが国政でも、優秀な人が国会に出られるよう、県民の目を厳しく養ってもらいたい。昔の新潟の政治家を知る者としては、これだけの人口を抱える県から国政を動かす人が出ないのでは、寂しい限りです。

あとがき　自由な社風、理想失わず常に「青春」

新潟新聞＝1877（明治10）年創刊＝から数えて創業140年を迎えた新潟日報社の社史的意味合いもある本書『川を上れ　海を渡れ』は、本紙記者100人余の証言を中心にドキュメントに徹して広く読まれるものに努めた。時代的には戦後を中心に、テーマも読者に関心が高いと思われる政治（田中角栄）、対岸交流、原発（柏崎と巻）、拉致、災害、環境（新潟水俣病とトキ）、農業、女性、スポーツ、文化に絞り込んだ。新潟県の歴史の重大局面に「その時、記者たちはどう立ち向かい、何を伝えたか」を、関係者30人余の証言も交え、県史と重なる本紙の歴史をまとめた。

戦後日本が戦禍の焦土から復興、高度成長していく中で、日本海側「裏日本」に立地する新潟県特有の、太平洋側「表日本」中心政治に対するアンチテーゼが、本書の底流にある。

公害など高度経済成長のひずみが出始めた1970（昭和45）年、本紙が展開した通年企画「あすの日本海」は、大胆な雪国改造などに切り込んで「裏日本・新潟」の可能性を探った労作でその年の菊池寛賞を受けた。72年に「日本列島改造」、表日本中心の暖国政治打破を掲げて総理の座を射止めた田中角栄は、まさに「裏日本」のチャンピオンだった。田中元首相の「光と影」に、田中を生んだ政治風土と貧しさからの脱却の願いが投影されている。

新潟水俣病は、「豊かさの代償」としての公害病だった。71年9月に判決が出た1次訴訟の被災者の会会長、近喜代一は、記者を大切にした理由を本紙記者に語った。「おれがいくら大声を出しても聞いてくれる範囲は限られる。マスコミは違う。言葉が活字になり、電波に乗る。多くの人に訴えを届けることができる」と。近の言葉は、権力側の代弁者ではなく、社会的弱者の声を世の中に広める拡声器となることが記者に今、最も求められている役割であることを私たちマスコミ側に鋭く突き付けている。

通年企画「新潟戦後50年」（94－95年）の取材班キャップ山崎晃（故人）は、連載をまとめた『にいがた戦後50年　流出の系譜』（新潟日報事業社）の序文で書いた。

「流出という言葉には、何ともの悲しい響きがある。出稼ぎが、集団就職がごく当たり前の風景として繰り広げられた。戦後50年、新潟も今、繁栄の時にある。私たちは改めて知りたいと思った。海を越え、山を越え、故郷の地を離れていった県人たちの涙と足跡を」

人もエネルギーも水も東京へ流れる―。流出の系譜は、今も続いている。その延長線上に世界最大級の東京電力・柏崎刈羽原発立地問題もあるのではないだろうか。

記者には記者人生の原点となる人との出会いがある。田中元首相をめぐる報道で越山会幹部から「こういう記事は困る」と抗議を受けた場面に立ち会った際、先輩キャップが、「間違いじゃないでしょう」「新潟日報は、越山会の広報紙じゃないんだ」と毅然《きぜん》と対応した。上司の口癖は「社内に言論の自由なくして、真実の報道などできる訳がない」だった。本社の社風は、伝統的に自由闊達《かったつ》だ。新聞の存在意義が、権力の監視機能にあることは論を待たない。自由な社風こそ、権力と対峙《たいじ》し、是々非々で真実に迫る報道を続けてきた本紙のパワーの源泉になっている。

２０１６年10月の新潟県知事選では、４選出馬表明していた現職知事が、８月末に日本海横断航路問題などで知事の責任を徹底追及した本紙報道を不出馬理由に挙げ、出馬を断念した。権力の監視機関としての先人が死守した遺伝子は確実に引き継がれていることを確信した。

１４０年は、誇れる歴史だけではない。戦時統合時代は、本紙を含む多くの新聞が国威発揚に加担した過去がある。拉致問題報道では、疑惑段階で北朝鮮に及び腰だった側面は否定できない。新聞・言論界は戦前の反省に立ち、二度と戦争に加担しない不戦を誓い、再出発した。しかし、戦後70年以上を経て憲法改正を目指す安倍晋三・自民党政権の下、特定秘密保護法、安全保障関連法が作られ、今年６月には、表現の自由と個人のプライバシーの権利を侵害する恐れがあるいわゆる「共謀罪」法が成立、日本の平和主義は岐路に立っているように見える。

東京一極集中の弊害が指摘される中、本社は創業１４０年を機に今年４月、あくまで地方に立脚し発信する「地方紙主義」、ジャーナリズムへの「原点回帰」、「自由と責任」の三つを柱とした「人事ポリシー」を制定した。本社はこの社員の基本姿勢を大切に、常に謙虚に新潟の未来を県民とともに切り開き、前進し続けることを誓った。

最後に米国の詩人サミュエル・ウルマンの代表作「青春」の一節を紹介する。

「年を重ねただけで人は老いない。理想を失う時に初めて人は老いる」

企業も熱いポリシーを持って理想を追い続けないと老いてしまう。創業140年の本社も「平和と民主主義」「言論の自由」「知る権利」を守るジャーナリズムの理想を失わず、未来に向かって常に「青春」であり続けたい。

本書発刊に当たり取材に快く協力して頂いた新潟県内をはじめ全国の関係者および本紙編集同人、出版を担当した新潟日報事業社に深く感謝したい。新聞は作る側だけでは成り立たない。台風や豪雨、豪雪、大震災の時でさえ、未明から配送配達作業に当たり、避難所にも新聞を確実に届け、戸別配達網とライフラインとしての新聞の使命を死守したNIC（新潟日報販売店）の皆様に改めて敬意を表したい。

なお文中に登場する方々の肩書は当時のままとし、敬称は省略いたしました。

２０１７年11月

新潟日報社取締役編集制作統括本部長　高橋　正秀

『川を上れ　海を渡れ』関係年譜

新潟日報の発祥につながる日刊紙の新潟新聞が創刊されたのは1877（明治10）年4月7日。81（明治14）年には北越新報の前身の北越新聞、83（同16）年には高田新聞が創刊された。その後、県内には多くの新聞が誕生した。

しかし、日中戦争下の1940（昭和15）年に17紙に統合され、その後、新潟新聞（新潟市）、新潟毎日新聞（同）、北越新報（長岡市）、越佐新報（同）、高田新聞（上越市）、高田日報（同）の6紙となった。さらに41年までに新潟日日新聞、新潟県中央新聞、上越新聞の3紙となり、太平洋戦争開戦後の1942（昭和17）年11月1日、国の1県1紙政策の下で3紙が統合され、新潟日報が創刊された。

新潟日報創刊以降の本紙と新潟県に関わるできごとを年表にまとめた。

新潟県と新潟日報社の動き

1942（昭和17）年

11月1日　新潟日日新聞、新潟県中央新聞、上越新聞が統合し「新潟日報」創刊

1943（昭和18）年

4月18日　連合艦隊司令長官山本五十六が戦死

1944（昭和19）年

9月1日　新潟日報社初代社長・小柳調平死去。新社長に坂口献吉（10日）

1945（昭和20）年

8月1日　長岡市空襲で全市の8割焼失、死者1486人。新潟日報長岡支社全焼

11日　新潟市民に疎開を命ずる知事布告

11月3日　新潟日報社主催の第1回文化祭新潟美術展（県展の前身）開催

20日　新潟日報社社長・坂口献吉、専務・西村二郎退任。役員会は合議制に

12月25日　新潟日報社が「月刊にひがた」を発刊（49年3月まで）

1946（昭和21）年

4月10日　戦後初の衆議院選で2人の女性議員が誕生

国内・世界の動き

1942（昭和17）年

5月　翼賛政治会結成

6月　ミッドウェー海戦

1943（昭和18）年

12月　学徒出陣始まる

1944（昭和19）年

6月　連合国軍が、ノルマンディー上陸作戦

1945（昭和20）年

3月　東京大空襲

8月　広島（6日）、長崎（9日）に原爆投下

「戦争終結の詔勅」放送（15日）

9月　GHQがプレスコード指令（新聞統制）

12月　第1次農地改革

1946（昭和21年）

1月　天皇の人間宣言

5月1日 夕刊新潟社設立。社長に会津八一。16日、「夕刊ニヒガタ」創刊
8月11日 県内で戦後初のプロ野球公式戦（新潟市白山球場）
1947（昭和22）年
4月1日 新学制による小学校、中学校が発足（六・三制、男女共学）
15日 新潟県の初代民選知事に岡田正平氏当選
5月1日 県議選で寺尾愛氏が当選し初の女性県議に
10月8日 天皇陛下来県。5日間にわたり県内各地を巡幸
1948（昭和23）年
4月1日 新制高等学校が発足
5月2日 新潟日報社主催の第1回郡市対抗駅伝競走（県縦断駅伝の前身）開催
8月23日 萬代橋（新潟市）の欄干が崩れ花火観衆が信濃川に転落。11人死亡
12月25日 第1回「新潟日報文化賞」表彰式
1949（昭和24）年
1月1日 「新潟日報」1面題字を会津八一揮毫（きごう）のものに改める
3月30日 名立海岸（現上越市）で浮遊機雷爆発。死者63人
6月1日 新潟大学が開学。7月19日に第1回開学式
1950（昭和25）年
1月1日 「夕刊ニヒガタ」を新潟日報に統合し「夕刊新潟日報」を発行
11月29日 言論界の追放解除に伴い新潟日報社会長に坂口献吉、社長に西村二郎
1951（昭和26）年
4月1日 新潟の駐留米軍引き揚げ
5月1日 新聞用紙統制価格と購読料の統制撤廃
1952（昭和27）年
3月29日 トキが特別天然記念物に指定される
10月14日 ラジオ新潟（現新潟放送）設立。社長に新潟日報社会長・坂口献吉
12月24日 ラジオ新潟本放送開局。新潟日報ニュースを提供

5月 極東国際軍事裁判開廷
7月 社団法人日本新聞協会設立
1947（昭和22）年
1月 「二・一ゼネスト」中止
3月 教育基本法・学校教育法公布
4月 労働基準法、独占禁止法公布
5月 日本国憲法施行
1948（昭和23）年
1月 帝銀事件
6月 昭和電工疑獄事件
11月 極東国際軍事裁判閉廷
1949（昭和24）年
4月 北大西洋条約機構（NATO）調印
10月 中華人民共和国成立
11月 湯川秀樹氏に日本人初のノーベル賞（物理学賞）
1950（昭和25）年
6月 朝鮮戦争始まる
8月 警察予備隊（自衛隊の前身）設置
9月 公務員のレッド・パージ方針決定
1951（昭和26）年
4月 連合国軍最高司令官マッカーサー解任
9月 対日講和条約、日米安全保障条約締結
1952（昭和27）年
2月 日米行政協定締結
4月 講和条約発効。日本の主権回復
10月 警察予備隊を保安隊に改組

1953（昭和28）年
7月1日 新潟県産業観光大博覧会が新潟市で開幕（61日間）

1954（昭和29）年
3月19日 水原（阿賀野市）のハクチョウ渡来地（瓢湖）が国の天然記念物に
7月1日 新潟県警察が発足

1955（昭和30）年
4月23日 知事選で北村一男氏が現職破り当選
10月1日 新潟大火。972戸焼失。新潟日報社も焼け、長岡支社で印刷発行。27日には大火で焼け残ったホールを改造し本社で新聞発行再開

1956（昭和31）年
1月1日 弥彦神社（弥彦村）二年参りで将棋倒し事故。124人死去、94人重軽傷

1957（昭和32）年
1月25日 新潟日報社新社屋が完成（新潟市東中通。地上4階・地下1階）
4月12日 津南町の日曹炭坑で地すべり。19人死亡
7月6日 新潟日報創刊15周年企画のイカダによる日本海漂流調査開始

1958（昭和33）年
4月6日 新潟商が選抜高校野球大会に県勢として戦後初めて出場。初戦敗退
12月1日 NHK新潟放送局がテレビの本放送開始
24日 ラジオ新潟がテレビの本放送開始

1959（昭和34）年
10月8日 国道17号三国トンネル開通記念・第1回「東京・新潟本州横断駅伝」
12月14日 北朝鮮への帰国事業始まる。84年の第187次船まで続いた

1960（昭和35）年
5月28日 トキが国際保護鳥に指定される

1953（昭和28）年
2月 NHK東京テレビ局がテレビ放送を開始

1954（昭和29）年
3月 第五福竜丸が米国のビキニ環礁水爆実験で被ばく
7月 防衛庁設置、自衛隊が発足
9月 洞爺丸事故。死者・行方不明者1155人

1955（昭和30）年
8月 広島で第1回原水爆禁止世界大会
9月 原水爆禁止日本協議会結成
11月 保守合同により自由民主党結成

1956（昭和31）年
5月 水俣病公式確認
10月 日ソ共同宣言に調印。日ソ国交回復
12月 日本が国連加盟

1957（昭和32）年
10月 日本が国連の安全保障理事会非常任理事国に
ソ連が世界初の人工衛星打ち上げ成功

1958（昭和33）年
3月 関門国道トンネル開通
12月 東京タワー完成

1959（昭和34）年
1月 キューバ革命
4月 皇太子（平成天皇）結婚式

1960（昭和35）年
1月 新安保条約・日米地位協定調印

9月10日　NHK、民放がカラーテレビの本放送開始
12月3日　奥只見発電所（旧湯之谷村）で発電開始
1961（昭和36）年
1月1日　豪雪で国鉄ダイヤ大混乱。県内で大雪による死者多数（三六豪雪）
2月2日　長岡市の川西地区で地震。死者5人、住宅全半壊738戸
11月22日　第1回新潟県ジュニア美術展を新潟市で開催
12月7日　北村知事の病気辞職に伴う知事選で塚田十一郎氏当選
1962（昭和37）年
6月10日　上越線新潟―上野間が全線電化。特急「とき」登場
1963（昭和38）年
2月1日　豪雪のため新潟県が災害救助法発動（三八豪雪）
23日　新潟日報社が雪害克服の全県民運動提唱。キャンペーン開始
12月16日　NHK新潟放送局がテレビのカラー放送を開始
1964（昭和39）年
2月13日　第19回国体冬季スキー競技会が高田（現上越市）・妙高高原で開幕
6月6日　新潟県で第19回国体春季大会が開幕
16日　新潟地震発生。新潟市を中心に被害大。死者26人
11月10日　新潟地震に関する報道活動で新潟日報が新聞協会賞
1965（昭和40）年
6月12日　新潟大医学部が阿賀野川下流の有機水銀中毒（新潟水俣病）を発表
1966（昭和41）年
3月18日　大和町（現南魚沼市）浦佐スキー場で地すべり。死者8人
5月8日　塚田知事辞職に伴う知事選で亘四郎氏が当選
6月19日　新潟日報社主催の県音楽コンクール始まる
7月17日　県北部に集中豪雨。加治川堤防が決壊するなど下越に大被害

6月　安保阻止で全学連が国会構内に突入
12月　国民所得倍増計画を発表
1961（昭和36）年
4月　ソ連が有人衛星打ち上げ成功。初の宇宙飛行
6月　農業基本法公布・施行
1962（昭和37）年
10月　キューバ危機
1963（昭和38）年
8月　部分的核実験禁止条約に調印
11月　ケネディ米大統領暗殺
三井三池三川炭鉱でガス爆発。458人死亡
1964（昭和39）年
4月　経済協力開発機構（OECD）に加盟
10月　東海道新幹線が開通
オリンピック東京大会開催
1965（昭和40）年
2月　米軍が北ベトナムを襲撃（北爆開始）
6月　日韓基本条約を調印
1966（昭和41）年
2月　全日空羽田沖墜落事故。乗客全員133人死亡
5月　中国で文化大革命始まる
6月　ザ・ビートルズ来日

1967（昭和42）年
4月18日　阿賀野川の有機水銀中毒は昭和電工鹿瀬工場の排水が原因と厚生省が発表
6月1日　新潟港が日本海側初の特別重要港湾に指定される
12日　新潟水俣病の患者が昭和電工を相手に損害賠償請求訴訟
7月8日　新潟港開港100年・新潟震災復興記念・新潟大博覧会を開催
8月28日　8・28羽越水害が発生。死者96人、行方不明38人
9月28日　上越線新清水トンネルが開通。上越線の全線複線化が完成
12月23日　新潟日報社会長に西村二郎、社長に小柳胖が就任
1968（昭和43）年
10月12日　新潟日報が東京電力の柏崎原発計画をスクープ
15日　第21回新聞大会を新潟市で開催
1969（昭和44）年
3月10日　自主流通米制度に反対する農民が県庁に押し掛け機動隊出動
4月26日　広神村（現魚沼市）小沢新田で地すべり。死者8人
6月3日　新潟日報が東北電力の巻原発計画をスクープ
9月18日　東京電力が柏崎市での原発建設を正式発表
1970（昭和45）年
2月2日　新潟大学が新潟市五十嵐地区移転を含む統合整備計画の基本方針発表
11月5日　新潟日報の通年企画「あすの日本海」が第18回菊池寛賞
1971（昭和46）年
4月29日　高田市と直江津市が合併し上越市が誕生
5月17日　東北電力が西蒲巻町（現新潟市西蒲区）での原発建設を正式表明
9月29日　新潟水俣病訴訟で新潟地裁が患者側全面勝訴の判決
1972（昭和47）年
7月5日　田中角栄氏が自民党総裁選で勝利。7日、第64代内閣総理大臣に就任
8月10日　信濃川の関屋分水路（新潟市）が完成し通水式
9月29日　田中首相と周恩来首相が日中国交樹立の共同声明に調印
10月15日　新潟日報通年企画「みんなの階段・老人問題への提言」が新聞協会賞

1967（昭和42）年
7月　欧州共同体（EC）発足
8月　公害対策基本法を公布・施行
12月　非核三原則を表明
1968（昭和43）年
4月　小笠原諸島返還協定調印
7月　核兵器拡散防止条約調印
1969（昭和44）年
1月　東大安田講堂に機動隊突入
5月　東名高速道路全通
7月　米アポロ宇宙船飛行士が月面に人類初の一歩
1970（昭和45）年
3月　大阪で万国博覧会開幕
6月　日米安保条約が自動延長
1971（昭和46）年
6月　沖縄返還協定調印
7月　環境庁発足
8月　金とドルの交換一時停止
1972（昭和47）年
1月　日米繊維協定調印
2月　冬季オリンピック札幌大会開催
2月　浅間山荘事件
3月　高松塚古墳の壁画発見

１９７３（昭和48）年
6月15日　新潟・ハバロフスク空路開設
11月23日　新潟市内中心部に万代シテイがオープン
１９７４（昭和49）年
4月21日　知事選で君健男氏が当選
10月15日　新潟日報の通年企画「水のカルテ・水問題への提言」が新聞協会賞
11月26日　田中首相が金脈問題などで退陣表明
１９７５（昭和50）年
4月1日　財団法人會津八一記念館が新潟市西船見町に開館
9月28日　福島潟国営干拓事業が完成
１９７６（昭和51）年
5月23日　福島潟干拓地で稲作推進派の200人が田植え強行
7月27日　東京地検が田中前首相を外為法違反などの疑いで逮捕
10月1日　長岡技術科学大学が開学
16日　新潟市の西堀地下街「ローサ」が営業開始
１９７７（昭和52）年
2月3日　豪雪で新潟県が災害対策本部を設置
9月1日　政府が柏崎原発1号機の設置許可
11月15日　新潟市で横田めぐみさん＝失踪当時（13）＝が北朝鮮に拉致される
12月19日　巻町議会が原発誘致を可決
21日　第1回「新潟日報スポーツ賞」表彰式
１９７８（昭和53）年
4月12日　新潟市に韓国の領事館設置決まる
5月18日　妙高高原町（現妙高市）新赤倉で地すべり。死者・行方不明者13人
10月1日　上越教育大学が開学

11月　上野公園動物園でパンダ初公開
１９７３（昭和48）年
1月　ベトナム和平協定調印
10月　第4次中東戦争勃発。国内で石油ショック
１９７４（昭和49）年
5月　セブン・イレブン1号店が東京都内にオープン
10月　佐藤栄作元首相のノーベル平和賞決定
１９７５（昭和50）年
3月　山陽新幹線（岡山－博多）開通
4月　北ベトナム軍がサイゴンへ無血入場
7月　沖縄海洋博覧会開催
１９７６（昭和51）年
2月　米国上院でロッキード事件発覚
11月　政府が防衛費のGNP1％枠を決定
１９７７（昭和52）年
1月　ロッキード事件初公判
5月　領海法・漁業水域暫定措置法を公布
8月　中国で文化大革命終結宣言
9月　プロ野球王貞治氏に初の国民栄誉賞
１９７８（昭和53）年
8月　日中平和友好条約調印
10月　靖国神社がA級戦犯14人を合祀

1979（昭和54）年

3月20日　開通前の上越新幹線大清水トンネルで火災事故。16人が死亡
7月20日　柏崎刈羽原発反対住民らが1号機設置許可取り消し訴訟を提訴
12月19日　田中元首相の金脈問題の舞台となった信濃川河川敷を長岡市が買収

1980（昭和55）年

5月17日　新潟市の市街地活性化を目指す「古町どんどん」スタート

1981（昭和56）年

1月22日　野生の国産トキ、最後の1羽を環境庁が佐渡で捕獲
2月21日　妙高高原町（現妙高市）で第36回国体冬季スキー競技会が開幕

1982（昭和57）年

6月21日　新潟水俣病被害者が国と昭電に賠償請求（新潟水俣病第2次訴訟）
9月23日　新潟日報社本社が新潟市東中通1から黒埼町（現新潟市西区）に移転
11月15日　上越新幹線新潟－大宮間が開業

1983（昭和58）年

7月1日　上越新幹線開通記念・新潟博覧会が新潟市で開幕
10月12日　ロッキード事件で東京地裁が田中元首相に懲役4年の実刑判決
12月18日　衆院選新潟3区で田中元首相が22万票を超える記録的得票

1984（昭和59）年

1月26日　新潟日報社社長に平山敏雄が就任
3月22日　「第1回新潟県経済振興賞」の表彰式
5月17日　大光相互銀行（長岡市）の乱脈融資事件公判で元社長に懲役4年

1985（昭和60）年

2月7日　自民党田中派の竹下登衆議院議員が創政会旗揚げ
15日　青海町（現糸魚川市）玉ノ木で土砂崩れ。10人が死亡
27日　田中元首相が脳梗塞で倒れ入院
6月3日　新潟市に新潟県庁新庁舎が完成
8月15日　新潟日報の通年企画「ムラは語る」が日本ジャーナリスト会議奨励賞
9月18日　柏崎刈羽原発1号機が営業運転開始
10月2日　関越自動車道（長岡－東京・練馬）が全線開通

1979（昭和54）年

3月　米スリーマイル島原発で炉心溶融事故
12月　ソ連軍がアフガニスタンに侵攻

1980（昭和55）年

9月　イラン・イラク戦争勃発

1981（昭和56）年

2月　ローマ教皇が来日
3月　中国残留孤児が初の正式来日

1982（昭和57）年

3月　フォークランド紛争
6月　東北新幹線盛岡－大宮間が開業

1983（昭和58）年

1月　中曽根首相が「不沈空母」発言
6月　参院選全国区で初の比例代表制
9月　ソ連が大韓航空機を撃墜

1984（昭和59）年

8月　日本専売公社民営化関連5法成立
12月　電電公社民営化3法成立

1985（昭和60）年

3月　国際科学技術博覧会開幕
4月　NTT、JTが発足
8月　日本航空ジャンボ機墜落事故。死者520人
9月　5カ国蔵相会議においてプラザ合意

１９８６（昭和61）年
1月26日　能生町（現糸魚川市）柵口で表層雪崩。8世帯の13人が死亡
１９８７（昭和62）年
9月15日　黒竜江日報社（中国ハルビン）で新潟日報社との記者交換の覚書
１９８８（昭和63）年
5月15日　新潟市でアジア卓球選手権大会開幕
7月13日　芥川賞に新潟市出身の新井満氏「尋ね人の時間」
20日　北陸自動車道（新潟ー米原）が全線開通
１９８９（昭和64・平成元）年
5月20日　新潟日報の企画連載「ムラの国際結婚」が農業ジャーナリスト賞
6月4日　君知事の死去に伴う知事選で金子清氏が当選
7月14日　「89新潟食と緑の博覧会」が開幕
10月14日　田中元首相が次期衆院選出馬断念を表明。90年引退
17日　新潟日報の通年企画「東京都湯沢町」が新聞協会賞
１９９０（平成2）年
1月30日　新潟日報社社長に南緑八郎が就任
１９９１（平成3）年
6月12日　新潟・イルクーツク定期空路開設
20日　上越新幹線が東京駅乗り入れ
8月30日　偽魚沼コシヒカリ事件が発覚
１９９２（平成4）年
1月27日　新潟日報社社長に上村光司が就任

１９８６（昭和61）年
4月　男女雇用機会均等法施行
ソ連チェルノブイリ原発で炉心溶融事故
１９８７（昭和62）年
4月　国鉄分割民営化。JRグループ7社が開業
11月　全日本民間労働組合連合会（連合）結成
12月　米ソが中距離核戦力（INF）全廃条約に調印
１９８８（昭和63）年
3月　青函トンネル開業
6月　リクルート疑惑発覚
１９８９（昭和64・平成元）年
1月　昭和天皇崩御。新元号は平成
4月　消費税導入。税率3％
6月　中国で天安門事件。民主化デモを武力鎮圧
11月　ベルリンの壁崩壊
12月　マルタ会談。米ソ首脳が冷戦終結を宣言
１９９０（平成2）年
12月　TBS記者・秋山豊寛氏が日本人初の宇宙飛行
１９９１（平成3年）
1月　湾岸戦争始まる
6月　ユーゴ内戦突入
12月　ソ連邦崩壊
１９９２（平成4）年
2月　佐川急便事件

3月16日　新潟日報社が提唱した「環日本海懇談会」の初会合
9月1日　佐川急便グループからヤミ献金を受けた疑惑で金子知事が辞表提出
10月25日　金子知事辞職に伴う知事選で平山征夫氏が当選
1993（平成5）年
4月1日　新潟・ウラジオストク定期航空路線開始
6月9日　皇太子と小和田雅子さんの「結婚の儀」
9月24日　県がコメの作況指数発表。低温などで戦後2番目の不作
10月15日　第46回新聞大会を新潟市で開催（16日まで）
12月16日　田中角栄元首相が死去
1994（平成6）年
2月28日　中ロの代表ら招き環日本海地方紙交流シンポジウムを新潟市で開催
7月20日　新潟日報の連載企画「病院を考える」がアップジョン医学記事特別賞
9月12日　在新潟ロシア総領事館が新潟市に開設される
10月25日　政治資金規正法違反で金子元知事らに新潟地裁が有罪判決
1995（平成7）年
1月26日　新潟日報社社長に五十嵐幸雄が就任
7月11日　「7・11豪雨」で上越地方を中心に被害。死者・行方不明2人
12月11日　新潟水俣病被害者の会と昭和電工が解決協定書に調印
1996（平成8）年
3月23日　新潟市の佐潟がラムサール条約登録湿地に認定
8月4日　巻町（現新潟市西蒲区）で原発建設の是非を問う住民投票。反対が61％

6月　PKO協力法成立、国際緊急援助隊派遣法改正
9月　自衛隊がカンボジアPKO活動に参加
1993（平成5）年
5月　プロサッカー・Jリーグ発足
7月　北海道南西沖地震。死者・行方不明230人
8月　細川護熙連立非自民内閣が成立
11月　欧州連合（EU）誕生
11月　環境基本法が成立
12月　法隆寺、屋久島などが日本初の世界遺産に
1994（平成6）年
1月　小選挙区比例代表並立制導入など政治改革4法成立
5月　英仏海峡トンネル開通
6月　長野県松本市で松本サリン事件
7月　日本人女性初の宇宙飛行士、向井千秋氏がスペースシャトル搭乗
1995（平成7）年
1月　世界貿易機関（WTO）が発足
1月　阪神淡路大震災が発生
3月　東京で地下鉄サリン事件が発生
11月　新食糧法施行、食糧管理法廃止
11月　Windows95日本版発売
1996（平成8）年
4月　らい予防法を廃止
5月　住専処理法・金融関連5法成立

12月6日　糸魚川市の姫川上流で土石流発生。作業員14人が死亡

1997（平成9）年
3月22日　第三セクター鉄道「ほくほく線」が開通
25日　「北朝鮮による拉致被害者家族連絡会」（家族会）が発足
7月2日　柏崎刈羽原発で7号機が営業運転開始。世界最大の発電基地に
8日　新潟日報主催の日韓地方紙フォーラムを新潟市で開催
10月1日　磐越自動車道が全線開通

1998（平成10）年
6月1日　新潟・ハルビン空路の第1便が就航
7月16日　芥川賞に新潟市出身の藤沢周氏の「ブエノスアイレス午前零時」

1999（平成11）年
4月11日　県議選で西村智奈美、松川キヌヨ両氏が当選。52年ぶり女性県議誕生
5月21日　佐渡トキ保護センター（佐渡市）で中国トキのペアからひな誕生。国内初の人工ふ化
10月2日　新潟中央銀行が経営破たん

2000（平成12）年
1月28日　三条市で行方不明の女性を9年2カ月ぶりに柏崎市で保護

2001（平成13）年
4月29日　新潟スタジアム（ビッグスワン）の完成披露

2002（平成14）年
5月31日　新潟市などを会場に日韓サッカーワールドカップ大会が開幕
8月29日　東京電力の柏崎刈羽、福島第1、福島第2の3原発でトラブル隠し発覚
9月12日　県が柏崎刈羽原発のプルサーマル計画の事前了解を撤回
17日　小泉純一郎首相が北朝鮮訪問。拉致被害者5人の生存を確認
30日　新潟日報印刷センターが完成
10月15日　北朝鮮拉致被害者の蓮池薫・祐木子さん、曽我ひとみさんらが帰国

9月　国連総会で包括的核実験禁止条約（CTBT）採択

1997（平成9）年
4月　消費税を5％に引き上げ
5月　神戸の児童殺傷事件で中学3年男子逮捕
7月　香港、英国が中国に返還
12月　地球温暖化防止京都議定書採択

1998（平成10）年
2月　冬季オリンピック長野大会開幕
6月　金融システム改革法成立

1999（平成11）年
1月　EUの単一通貨ユーロ使用開始
4月　改正男女雇用機会均等法施行
5月　新ガイドライン関連法成立
7月　新農業基本法成立
9月　JCO東海事業所で国内初の臨界事故

2000（平成12）年
4月　介護保険制度スタート

2001（平成13）年
6月　大阪・池田小児童殺傷事件。8人死亡
9月　米中枢同時テロ発生

2002（平成14）年
8月　住民基本台帳ネットワークシステムが稼働

2003（平成15）年
1月30日　新潟日報社社長に星野元が就任
3月29日　東京電力のトラブル隠しで柏崎刈羽原発全7号機が停止
10月10日　トキの「キン」が死に日本産トキが絶滅
11月23日　アルビレックス新潟がサッカーJ2で優勝しJ1昇格決定
12月24日　東北電力が巻原発計画断念。国の基本計画に組み込まれた原発で初

2004（平成16）年
5月22日　北朝鮮拉致被害者の蓮池薫さん一家帰国。7月18日、同じく曽我ひとみさん一家帰国
7月13日　三条市を中心とする「7・13水害」発生。県内の死者15人
9月1日　新潟日報の通年企画「拉致・北朝鮮」が新聞協会賞
17日　知事選で泉田裕彦氏が当選
23日　中越地震発生。死者68人、被災住宅12万棟以上の甚大な被害

2005（平成17）年
3月21日　合併・新潟市が誕生。長岡市（4月）、上越市（1月）など合併ラッシュ
11月15日　第1回「忘れるな拉致11・15県民集会」を新潟市で開催
12月22日　荒天の影響で新潟市を中心に最大約65万戸の大規模停電

2006（平成18）年
1月7日　平成18年豪雪。20年ぶりに災害救助法適用。長野県境の秋山郷が孤立

2007（平成19）年
4月1日　新潟市が本州日本海側初の政令指定都市に
5月15日　新潟日報社が情報誌「新潟文化」創刊（12年3月まで隔月発行）
7月16日　中越沖地震。柏崎などで震度6強。死者15人。柏崎刈羽原発が緊急停止

2008（平成20）年
3月18日　新潟日報社社長に高橋道映が就任
4月1日　新潟県人口が31年ぶり240万人割れ

2003（平成15）年
3月　イラク戦争始まる
4月　日本郵政公社発足
5月　個人情報保護関連5法が成立
6月　有事関連法が国会で成立
11月　駐イラク日本人外交官2人が銃撃で死亡
12月　自衛隊イラク派遣を開始

2004（平成16）年
6月　年金改革関連法成立
12月　インドネシア・スマトラ沖で地震・津波

2005（平成17）年
3月　愛知万博開幕
4月　JR福知山線脱線事故。死者107人
10月　郵政民営化法成立

2006（平成18）年
9月　秋篠宮妃が悠仁親王を出産
10月　北朝鮮が初の地下核実験
12月　改正教育基本法が成立

2007（平成19）年
1月　防衛省が発足
12月　サブプライムローン問題から世界金融不安拡大

2008（平成20）年
1月　中国製冷凍ギョーザから農薬検出

5月11日　主要国首脳会議（サミット）労働相会合が新潟市で開幕
9月3日　新潟日報の通年企画「揺らぐ安全神話」が新聞協会賞。8月には日本ジャーナリスト会議賞も受賞
9月25日　中国ペアから人工ふ化したトキ10羽を佐渡市で試験放鳥
10月30日　阿賀野市の瓢湖がラムサール条約登録湿地に認定

2009（平成21）年

7月7日　県立野球場ハードオフ・エコスタジアムの完成を記念し広島―阪神戦
8月24日　日本文理高校が全国高校野球選手権大会で準優勝
9月26日　トキめき新潟国体開幕。本県勢が天皇杯・皇后杯獲得

2010（平成22）年

4月25日　大和デパート長岡店、上越店が閉店。6月25日には新潟店も閉店
5月17日　新潟日報の通年企画「朱鷺の国から」が農業ジャーナリスト賞
6月24日　中国総領事館が新潟市に開設される

2011（平成23）年

3月3日　新潟水俣病第4次訴訟の和解が新潟地裁で成立
11日　東日本大震災発生に伴い河北新報の紙面製作、山形新聞の代行印刷
12日　新潟・長野県境地震発生。十日町市、津南町で震度6弱

2012（平成24）年

4月22日　放鳥トキのペアからひな誕生
5月24日　南魚沼市の八箇峠トンネル工事現場で爆発事故。4人が死亡

2013（平成25）年

4月12日　新潟日報メディアシップ（新社屋ビル）がグランドオープン
9月27日　東京電力が柏崎刈羽原発6、7号機の再稼働を申請

2014（平成26）年

3月13日　新潟日報社社長に小田敏三が就任
10月15日　第67回新聞大会を新潟市で開催

6月　東京・秋葉原で20代男がナイフで7人殺害
9月　米国発リーマンショック

2009（平成21）年

5月　裁判員裁判制度導入
6月　歌手M・ジャクソンさん急死
8月　総選挙で自民大敗。民主政権成立

2010（平成22）年

11月　北朝鮮が韓国・延坪島を砲撃

2011（平成23）年

3月　東日本大震災。福島第1原発で炉心溶融事故
7月　地上デジタル放送スタート
12月　金正日総書記が急死

2012（平成24）年

5月　東京スカイツリーが開業
12月　総選挙で民主大敗。自民政権に

2013（平成25）年

12月　特定秘密保護法が成立

2014（平成26）年

4月　消費税を8％に引き上げ
6月　「イスラム国」樹立を宣言
7月　集団的自衛権の行使容認を閣議決定

２０１５（平成27）年
3月14日　北陸新幹線が開業
8月14日　ハワイ真珠湾で慰霊と友好の長岡花火「白菊」打ち上げ
9月16日　新潟日報の連載企画「あんしんネット―認知症とともに」に第34回ファイザー医学記事賞優秀賞

２０１６（平成28）年
5月13日　野生生まれのトキペアのひな誕生確認
9月29日　新潟日報の連載企画「あんしんネット―がんと向き合う」がファイザー医学記事賞大賞
10月16日　知事選で米山隆一氏が当選。本県初の野党系知事
　　27日　新潟日報の通年企画「原発は必要か」が石橋湛山記念早稲田ジャーナリズム大賞奨励賞
12月22日　糸魚川大火。１４７棟焼失

２０１７（平成29）年
4月5日　第四銀行と北越銀行が経営統合へ基本合意

２０１５（平成27）年
7月　米・キューバ国交回復
9月　集団的自衛権を行使できる安全保障関連法が可決、成立

２０１６（平成28）年
3月　北海道新幹線が開業
4月　熊本地震発生
5月　米大統領が初めて広島訪問
6月　選挙権年齢が18歳以上に
　　　英国国民投票でＥＵ離脱派が勝利
7月　相模原市の障害者施設で19人刺殺

２０１７（平成29）年
9月　陸上男子１００㍍で桐生祥秀選手が10秒の壁破る９秒98

【主な参考文献】

「新潟日報」、『新潟県史』、『新潟市史』、『新潟県の昭和史』（新潟日報事業社）、『新潟日報二十五年史』、『新潟日報五十年史』、『第三の創業へ　新潟日報創刊60周年記念』、『出航。メディアシップ』（以上、新潟日報社）、『詳説日本史図録』、『新潟県の歴史』（以上、山川出版社）

■新潟日報140年記念誌編集委員

高橋　正秀（編集委員長）
大塚清一郎
斎藤　祐介
鈴木　聖二
関根　　浩
高橋　直子
種田　和義
鶴間　　尚
永田　幸男
服部　誠司
星野　　晋
三島　　亮
森沢　真理
渡辺英美子
渡辺　　隆

■執筆者

原　　　崇（1章、4章）
高橋　正秀（1章）
小原　広紀（1章）
森沢　真理（2章、8章）
三島　　亮（3章）
岩本　　潔（3章）
後藤　貴宏（4章）
小池　　大（4章）
大塚清一郎（4章）
高橋　直子（5章、8章）
中村　　茂（5章）
斎藤　祐介（6章）
土田　茂幸（6章）
中川　一好（6章）
笹川比呂子（6章）
中島　陽平（6章）
渡辺　　隆（7章）
渡辺英美子（8章）
石原亜矢子（8章）
高内小百合（8章）
種田　和義（9章）
永田　幸男（10章）
橋本　佳周（10章）
石塚　恵子（10章）

新潟日報140年　川を上れ 海を渡れ

2017（平成29）年11月1日　初版第1刷発行
2017（平成29）年12月24日　初版第2刷発行

編　者　新潟日報社
発行者　鈴木聖二
発行所　新潟日報事業社
〒950-8546
新潟市中央区万代3丁目1番1号
メディアシップ14階
TEL　025－383－8020
FAX　025－383－8028
http://www.nnj-net.co.jp
印刷・製本　第一印刷所

ISBN978-4-86132-664-6